Vorstand der IG Metall (Hg.)
Boris Barth

Die IG Metall zwischen Wiedervereinigung und Finanzmarktkrise

Vorstand der IG Metall (Hg.)
Boris Barth

Die IG Metall zwischen Wiedervereinigung und Finanzmarktkrise

Ausgewählte Ereignisse der jüngeren Gewerkschaftsgeschichte

HERDER
FREIBURG · BASEL · WIEN

FSC
www.fsc.org
MIX
Papier aus verantwortungsvollen Quellen
FSC® C083411

www.herder.de

Umschlaggestaltung: ZERO Media GmbH, München
Umschlagmotiv: FinePic®, München
Satz: Daniel Förster, Belgern
Herstellung: CPI books GmbH, Leck

Gedruckt auf umweltfreundlichem, chlorfrei gebleichtem Papier

Printed in Germany

ISBN 978-3-451-37589-7

Inhalt

Vorwort

Im Juni 1891 gründeten Arbeiterinnen und Arbeiter in Frankfurt den Deutschen Metallarbeiter-Verband (DMV). Sie hatten ein gemeinsames Ziel: Den Kampf für eine bessere Arbeits- und Lebenswelt. Aus dem DMV ist die IG Metall entstanden, heute mit über 2,2 Millionen Mitgliedern die größte freie Einzelgewerkschaft der Welt. Unsere Gewerkschaft hat in den vergangenen 125 Jahren vieles erreicht: in den Betrieben und Unternehmen, als Tarifpartei und in der Gestaltung des Sozialstaats.

Das macht uns stolz und ist Anlass zum Feiern: am 4. Juni in der Frankfurter Paulskirche bei einem gelungenen Festakt – und vor allem bei vielen Feiern und Veranstaltungen in unseren Bezirken und Geschäftsstellen.

Ein Jubiläum ist immer auch Anlass zur Rückschau. Wir sind anlässlich unseres 125jährigen einen anderen Weg gegangen als 1991 zum 100jährigen Bestehen der IG Metall: Wir haben uns für einen Schulterblick von außen auf unsere jüngere Vergangenheit entschieden. In dieser Rückschau beschreibt der Autor, Prof. Dr. Boris Barth, Professor für Neuere und Neueste Geschichte an der Universität Prag, einige wesentliche Schlaglichter aus den vergangenen 25 Jahren und interpretiert sie. So ist sein Beitrag keine Fortschreibung der Chronik, die die umfangreiche Monografie »100 Jahre IG Metall« bis in die heutige Zeit führt. Es ist der Blick eines Historikers auf diese letzten 25 Jahre Geschichte der IG Metall und seine Bewertung wesentlicher Aspekte unserer Arbeit.

Dieser Beitrag zur jüngeren Gewerkschaftsgeschichte ist auch Auftakt und Anstoß zu einer Debatte über die Rolle der IG Metall – der Gewerkschaften – in der jüngeren deutschen Geschichte, die bisher in der Geschichtswissenschaft eher vernachlässigt wurde. Denn wie die Arbeit von Prof. Barth zeigt, sind so zentrale Ereignisse wie die Schaffung der deutschen Einheit ohne den Beitrag der Gewerkschaften und Arbeitnehmervertreter nur unzureichend beschrieben.

Auch die wirtschaftlich und sozialpolitisch schwierigen 90er-Jahre, der Regierungswechsel zu Rot-Grün und die Folgen für die gewerkschaftliche Arbeit werden gewürdigt. Neben dem Fokus auf den Streik im Osten 2003 bilden die Weltwirtschaftskrise ab 2009 und deren Folgen für die Industrie in Deutschland sowie die Herausforderungen für die IG Metall und die betrieblichen Interessenvertreter einen vierten Schwerpunkt. Auch wichtige tarifpolitische Meilensteine wie ERA und Pforzheim und die organisationspolitischen Entwicklungen streift der Autor.

Damit ist diese sehr lesenswerte Forschungsarbeit ein erster Beitrag zur Einordnung dieser zentralen Themen. Es wäre sehr schön, würde dies für die Wissenschaft Anstoß für weitere Untersuchungen sein.

Das Jubiläum ist auch ein passender und guter Anlass, über die künftigen Aufgaben der IG Metall nachzudenken.

Jörg Hofmann
Erster Vorsitzender IG Metall

September 2016

Einführung

Anlässlich ihres 100. Geburtstages gab die IG Metall einen reichhaltigen Bildband und eine aufwendig gestaltete Festschrift heraus. Diese endete mit einem verhalten pessimistischen Ausblick auf die gerade vollzogene Wiedervereinigung.[1] Da die Akten zur Geschichte der IG Metall der letzten zwei Jahrzehnte erst zum Teil archivalisch erschlossen und geordnet und zudem sehr umfangreich sind, macht es keinen Sinn, im Anschluss an diese Werke eine auf Vollständigkeit angelegte Festschrift zu verfassen. Stattdessen werden in dieser kleinen Arbeit einige ausgewählte und zentrale Themenkomplexe angesprochen, die die Politik der deutschen Gewerkschaften im Allgemeinen und die der IG Metall im Besonderen in den letzten 25 Jahren intensiv beschäftigt haben. Ausgangspunkt ist die deutsche Wiedervereinigung. Endpunkte sind die Folgen der globalen Wirtschaftskrise, die am 15. September 2008 durch den Zusammenbruch der amerikanischen Investmentbank Lehman Brothers ausgelöst wurde.

In den 1970er- und 1980er-Jahren war die Geschichte der Arbeit, der organisierten Arbeiterbewegung und der Gewerkschaften ein zentrales Thema in der internationalen Geschichtswissenschaft gewesen. Dieser *Boom* ist abgeebbt, und derzeit beschäftigen sich nur noch wenige Historiker an den Universitäten mit diesem Thema. Die Geschichte der Arbeit wird zwar nach wie vor an einigen deutschen Instituten vor allem mit dem Fokus auf die internationale und globale Dimension erforscht, aber die Geschichte der nationalen Gewerkschaften ist fast vollständig aus dem wissenschaftlichen Interesse verschwunden. Dies ist bedauerlich, weil sich der Arbeitsalltag in der Bundesrepublik in den letzten Jahrzehnten rapide verändert hat, diese Wandlungen in allen ihren Facetten historisch aber bisher nur wenig erforscht worden sind. Den »klassischen« Stahlarbeiter, der im Schichtdienst am Hochofen steht, gibt es fast nicht mehr. Stattdessen sind völlig neue Arten von Arbeitsplätzen und Arbeitsbedingungen entstanden, durch die sowohl die Gewerkschaften als auch die ganze bundesdeutsche Gesellschaft permanent vor völlig neue Herausforderungen gestellt werden.

Der Autor dieser kleinen Studie bedauert dieses weitgehende Desinteresse der Geschichtswissenschaft ausdrücklich und drückt seine Freude darüber aus, dass die IG Metall über ein ausgeprägtes historisches Bewusstsein und über einen Sinn für ihre eigene Vergangenheit und für ihre eigenen Traditionen verfügt.

Sehr viele heutige Entwicklungen und auch viele gesellschaftliche Konflikte der letzten Jahre wären unverständlich, wenn nicht berücksichtigt würde, dass sie eine lange Vorgeschichte haben. Manchmal sind unter enormem Zeitdruck Entscheidungen getroffen worden, die heute problematisch zu sein scheinen. Häufig sind aber auch Weichenstellungen vorgenommen worden, die anfangs viel Kritik hervorgerufen und lange Diskussionen nach sich gezogen haben, die langfristig aber positive Wirkungen nicht nur für die IG Metall und ihre Mitglieder, sondern auch für die gesamte bundesdeutsche Gesellschaft gehabt haben. Der Historiker hat den großen Vorteil, dass er diese Entscheidungen nicht treffen musste, sie im Nachhinein aber beurteilen kann.

Das Jahr 2016 bringt nicht nur den 125. Geburtstag der IG Metall, sondern auch von zwei weiteren Gewerkschaften, die seit der Wiedervereinigung in die IG Metall integriert worden sind. Die Gewerkschaft Textil und Bekleidung (GTB) strebte seit Mitte der 1990er-Jahre eine Fusion mit der IG Metall an, und dieser Zusammenschluss wurde am 9. Juli 1996 beschlossen. Bereits seit den 1970er-Jahren litt die GTB unter einem erheblichen Mitgliederschwund, weil die Bekleidungsindustrie in Deutschland zunehmend in Billiglohnländer abwanderte und damit ein dramatischer Verlust von Arbeitsplätzen einherging. Der Gewerkschaftstag 1997 der IG Metall stimmte der Integration der GTB einstimmig zu. Abgesehen von ganz kleinen Reibereien funktionierte die organisatorische Umsetzung in den folgenden Jahren gut, weil auf beiden Seiten ein ausgeprägter Wille zur Kooperation vorhanden war.[2] Im gleichen Jahr beschloss die IG Metall auch eine engere Kooperation mit der Gewerkschaft Holz und Kunststoff (GHK). Diese Fusion wurde zum 1. Januar 2000 vollzogen.

Die Wertvorstellungen der IG Metall

In seinem Nachruf auf Hans Mayr, den ehemaligen Vorsitzenden der IG Metall, der am 3. August 2009 gestorben war, erklärte Berthold Huber am 7. September 2009, dass Mayr gelegentlich heftig kritisiert worden sei, er dies aber hingenommen habe. »Nicht zuletzt deshalb, weil er im Kompromiss keine Niederlage, sondern einen substanziellen Wesenszug der Demokratie sah. Und – das kann man aus heutiger Sicht vielleicht besser sehen – er hatte ein realistisches Gefühl für Kräfteverhältnisse.«[3] Alle Gewerkschaften und alle politisch aktiven Menschen sind sich dieser Zwangslage bewusst. Kompromisse sind der alltägliche Preis für das demokratische Prozedere. Das Problem besteht allerdings darin, dass Kompromisse häufig in der eigenen Anhängerschaft nur schwer vermittelbar sind.

Zentral für das Verständnis der Positionen der Gewerkschaften in der Bundesrepublik sind die Orientierung an der Demokratie und die Arbeit für soziale Gerechtigkeit. Gerechtigkeit ist nur sehr schwer wissenschaftlich zu definieren, aber sie unterscheidet sich von Willkür, Tyrannei oder Despotie. Die Generation, die die nationalsozialistische Diktatur und den Zweiten Weltkrieg in Deutschland noch selbst erlebt hat, ist schon lange von der politischen Bühne abgetreten. Aber das Bewusstsein dafür, dass in Deutschland einmal eines der mörderischsten Systeme bestanden hat, das es jemals in der Weltgeschichte gegeben hat, ist weiterhin vorhanden und prägt das Selbstverständnis der deutschen Gewerkschaftsbewegung. Auch in der SED-Diktatur, im so genannten »Arbeiter- und Bauernstaat«, hat es keine freien Gewerkschaften gegeben.

Die häufigen und offenen Bekenntnisse von Parteien, gesellschaftlichen Gruppen und nicht zuletzt der Gewerkschaften zum demokratischen Rechtsstaat sind deshalb keine leeren Worthülsen, sondern ein zentrales Anliegen gerade der IG Metall gewesen. Durchgängig stand hinter allen Aktivitäten die Erfahrung, dass konstruktive Gewerkschaftsarbeit nur in funktionierenden Demokratien möglich ist. Autoritäre Staaten und Diktaturen gleich welcher Art haben stets die organisierte Arbeiterbewegung bekämpft. Sehr häufig waren freie Gewerkschaften die ersten Gegner, die nach der Einführung eine Diktatur verfolgt und gewaltsam ausgeschaltet wurde. Deshalb ist das aktive Eintreten für die Demokratie, für die Zivilgesellschaft und für den Rechtsstaat für Gewerkschaften in der Bundesrepublik Deutschland nicht nur durch tiefe Überzeugungen geprägt, sondern stellt auch eine existentielle Notwendigkeit dar.

Alle Geschäftsführenden Vorstandsmitglieder und maßgeblichen Organe der IG Metall haben ferner kontinuierlich hervorgehoben, dass Gewerkschaften über Tarifverträge die Teilhabe der Menschen am wirtschaftlichen Fortschritt und Wohlstand organisieren. Im Zweifelsfall verwandeln Gewerkschaften über ihre Interventionen und über ihre organisatorischen Strukturen Betriebe in Räume, in denen Arbeitnehmerinnen und Arbeitnehmer ihre Rechte wahrnehmen können. Damit stehen Gewerkschaften idealerweise stets auch auf der Seite der Schwachen.[4]

Die IG Metall versteht sich als parteiunabhängig. Sie arbeitet für die Rechte und Interessen ihrer Mitglieder und der Beschäftigten und entstammt damit aus der Arbeiterbewegung. Ihre historischen Wurzeln waren keineswegs auf das sozialdemokratische oder auf das sozialistische Lager beschränkt. Um nur ein Beispiel von vielen zu geben: Die IG Metall steht auch in der langen Tradition der deutschen christlichen Gewerkschaftsbewegung.[5] Die Kooperation mit christlichen Kirchen, Sozialverbänden und Institutionen verlief in der Praxis pragmatisch. Die IG Metall zeigte und zeigt mit eigenen Materialien und oft gemeinsam mit anderen Gewerkschaften regelmäßig Präsenz auf den Kirchentagen.[6] Bei Anti-Rassismus-Aktionen ergaben sich fast automatisch enge Berührungspunkte mit den Kirchen und mit anderen christlichen Institutionen, und diese Nähe hat die IG Metall oft auch gesucht.

Dies soll durch ein kleines Beispiel illustriert werden: 1992 erhielt das Oswald von Nell-Breuning Institut für Wirtschafts- und Gesellschaftsethik eine Spende von 10.000 DM. Diese

Institution wurde geleitet von dem Jesuitenpater Prof. Dr. Friedhelm Hengsbach. In der Einschätzung der IG Metall war dieses Institut der wichtigste Vermittler zwischen Grundaussagen der katholischen Soziallehre, gewerkschaftlichen Programmdiskussionen sowie sozialer Entwicklung von Wirtschaft und Gesellschaft. Es zeigte erhebliches Engagement bei der Werbung für die 35-Stunden-Woche, bei der Lastenverteilung während der Wiedervereinigung und im Arbeitskreis Kirche-Gewerkschaft.[7] In der Standortdebatte lieferte dieses Institut den Gewerkschaften ergänzendes Material und Argumentationshilfen, die von Sozialwissenschaftlern erstellt worden waren.[8]

Auch wenn die Tarifpolitik aus naheliegenden Gründen stets das wichtigste Betätigungsfeld der IG Metall gewesen ist, hat die Gewerkschaft eben aus ihrem tiefen demokratischen Grundverständnis heraus in den letzten 25 Jahren auf sehr vielen weiteren Feldern Aktivitäten an den Tag gelegt. Dahinter stand und steht das Bewusstsein, dass Demokratie keine leere Worthülse sein darf, sondern dass sie auch in den Betrieben täglich erprobt und offensiv gestaltet werden muss. Häufig wurde auf die zentrale Bedeutung des sozialen Friedens verwiesen: »Der Sozialstaat ist weder Luxus noch Almosen für vermeintliche Randgruppen. Der Sozialstaat ist Grundlage für gesellschaftliches Zusammenleben und industrielle Entwicklung.«[9]

Die IG Metall hat seit der Wiedervereinigung die Verteidigung des demokratischen Rechtsstaates und seines Wertekataloges sehr ernst genommen. Die Gewerkschaft hat auf nahezu jedem gesellschaftlich relevanten Feld Stellung bezogen oder – in unterschiedlichem Maße – Aktivitäten entfaltet. Sie beschäftigte sich mit dem Umweltschutz, mit dem Gesundheitssystem, mit der Lärmbelästigung am Arbeitsplatz, mit Migrationsbewegungen, mit gesundheitsgefährdenden Stoffen, mit den Menschenrechten innerhalb und außerhalb Europas, mit dem Rentensystem, mit der Gefahr von Kinder- und Altersarmut oder mit den Zukunftschancen der Raumfahrtindustrie. Sie ließ Gutachten über die Aussichten bestimmter Industrieregionen erstellen, entwickelte alternative Konzepte zum bestehenden Bildungssystem, trat für die Rechte von Frauen ein und befasste sich mit den Möglichkeiten und Grenzen alternativer Energien. Die Otto Brenner Stiftung, die der IG Metall nahe steht, vergibt einen inzwischen angesehenen Preis für kritischen Journalismus. Sehr viele weitere Themenfelder könnten hier mühelos aufgezählt werden.

Selbstverständlich kam es hier auch zu Fehleinschätzungen und oft tief greifenden Meinungsverschiedenheiten, aber fast immer wurde betont, dass offene Diskussionsprozesse erwünscht seien, auch weil sich innerhalb der Gewerkschaft viele meinungsfreudige Persönlichkeiten befanden und dort gerne gesehen wurden. Die IG Metall war grundsätzlich gewohnt, sich politisch einzumischen und griff sehr viele Anregungen und Initiativen positiv auf, die aus der Mitgliedschaft an die Betriebsräte, die Bezirke oder an den Vorstand in Frankfurt/M. herangetragen wurden.

Neben diesen großen Fragen waren stets viele kleine und alltägliche Dinge zu erledigen. Eine beliebig herausgegriffene Sitzung zeigt die Vielfalt der Themen, mit denen sich der Vorstand der IG Metall im Alltag befasste. Auf einer Sitzung der Geschäftsführenden Vorstandsmitglieder vom 28. Juni 1993, einem Monat, in dem nur wenig »los« war, wurden 18 Themen besprochen.

- 2 -

Protokoll der Sitzung der geschäftsf. Vorstandsmitglieder vom 28.06.93, Nr. 23/93

Tagesordnung:

1. 32. IMB-Japanrat-Kongreß am 07.09.1993 in Tokyo
2. Bericht über die Geschäftsführerkonferenz des Bezirks Dortmund
3. \+ Verhandlungsergebnis des Anerkennungstarifvertrages der Digital Equipment Beteiligungen GmbH
4. \+ Vorstandsrundschreiben zum 3. außerordentlichen Gewerkschaftstag der IG Metall
5. DGB-Reform/Rechtsschutz
6. Hans-Böckler-Stiftung Forschungsprojekt "Umsetzung des Arbeitszeittarifvertrages 1990 in der Metallindustrie"
7. \+ Reisekostenregelung der IG Metall
8. \+ Aktivitäten im Vorfeld der Tarifbewegung West 1994 - Standortdebatte
9. Antrag auf Streik bei der Firma Becke-Stahl- & Anlagenbau GmbH
10. Interessenausgleich und Sozialplan Verwaltungsstelle Suhl
11. \+ Ausstellung, Kunstförderung und Kunstankäufe
12. \+ 15. Konferenz der IG Metall Vertrauensleute
13. \+ Rundschreiben Betriebsratswahlen 1994
14. \+ Richtlinien der IG Metall - Aufsichtsratswahlen nach dem BetrVG '52 und dem MitbestG '76
15. Bericht über die Bezirkskonferenz des Bezirks Wuppertal
16. Delegation des Jugendauschusses beim Vorstand der IG Metall vom 04. - 11. September 1993 in Ungarn und Vorbereitungsseminar am 03. September 1993
17. Materialien zum Jugendwerbemonat 1993
18. \+ Gemeinsame Handreichung von IG Metall und Gesamtmetall für Ausbilder/Ausbilderinnen zur Anti-Rassismusarbeit und Förderung der Integration von Ausländern in der Berufsbildung

Diese wenig spektakulären, aber dennoch arbeitsreichen Sitzungen betrafen wesentliche Randaspekte der Gewerkschaftsarbeit. Nicht nur die großen politischen oder tarifpolitischen Entscheidungen, sondern die stete Arbeit im Detail auf sehr vielen unterschiedlichen Feldern erlaubte es der IG Metall, im Zweifelsfall ihre Mitglieder glaubwürdig zu mobilisieren. Auch war sie durch diese breite thematische Aufstellung in der Lage, einzelnen Geschäftsstellen oder Betriebsräten bei Problemen vor Ort rasch entsprechende Materialien oder konkrete Ratschläge zur Verfügung zu stellen.

Zu allen diesen hier erwähnten Themen könnte man sehr viel schreiben, aber aus Platzgründen soll nur darauf eingegangen werden, wie mit der Herausforderung des Rassismus umgegangen wurde. Für sehr viele Mitglieder, Betriebsräte und auch für den Vorstand stand fest, dass in der neuen Bundesrepublik, die sich nach 1990/91 zu konstituieren begann, keinerlei Form von Rassismus akzeptabel sein dürfe, und dass ein nicht diskutabler Kernbestand gewerkschaftlicher Arbeit in der offensiven und kompromisslosen Bekämpfung des Rassismus in jeder Erscheinungsform bestehen musste.

Deshalb bereitete der Führung der IG Metall zu Beginn der 1990er-Jahre der Anstieg rechtsradikaler Gewalt große Sorge. In den Protokollen der Geschäftsführenden Vorstandsmitglieder wurde dieser Punkt auf fast jeder wöchentlichen Sitzung angesprochen. Viel Geld stand – angesichts der anderen immensen Herausforderungen – nicht zur Verfügung, aber es wurde eine Mischstrategie gewählt, die sich pragmatisch ergab und die zunächst nicht in großen Positionspapieren formuliert wurde. Regionale Initiativen wurden wohlwollend gefördert. Gleichzeitig wurden die Mitglieder ermutigt, eigene Ideen einzubringen, und ihnen wurden regelmäßig Materialien bereitgestellt.[10] In der älteren Generation, die noch den Nationalsozialismus erlebt hatte, war das Bekenntnis zu demokratischen Werten und die Ablehnung faschistischer Gedanken derart selbstverständlich, dass sie keiner weiteren Rechtfertigung bedurfte. In der jüngeren Generation fanden sich daneben auch Initiativen, die durch die westeuropäischen alternativen Bewegungen der 1970er- und 1980er-Jahre geprägt waren und die »bunte« Aspekte in die IG Metall hineinbrachten. Beide Richtungen schlossen sich nicht aus, sondern ergänzten sich in vielen Fällen produktiv.[11]

Am 7./8. Dezember 1992 forderte anlässlich der Morde von Mölln die IG Metall ein Bündnis aller Demokraten gegen die Feinde einer zivilen und humanen Gesellschaft. Die IG Metall schlug einen Demokratie-Pakt vor: Eine humane Gesellschaft müsse bereit sein, Zivilcourage zu zeigen und ihre Grundlagen zu verteidigen.[12] Häufig wurde darauf verwiesen, dass es bei weitem nicht ausreiche, irregeleitete Täter mit Hilfe der Polizei zu bekämpfen. Es gehe darum, die sozialen und ökonomischen Gründe für die Entstehung rechtsradikaler Ideologien anzugehen und die Ängste der Bürger ernst zu nehmen.

Anfang 1993 wurde eine übergreifende Arbeitsgruppe gebildet, die diese Aktivitäten koordinierte. Sie zielte darauf ab, das konsequente Vorgehen des Rechtsstaates zu fördern und die sozialen und ökonomischen Bedingungen für die Ängste, die »beachtliche Teile der Bevölkerung« für rechtsextreme Parolen anfällig machen würden, zu überwinden. Leider fanden sich auch bei einigen gewerkschaftlich organisierten Arbeitnehmern rechtsextreme Gedanken.[13] Die Zahlen sind sehr niedrig, aber wenn sich herausstellte, dass Mitglieder zweifelsfrei für rechtsradikale und neofaschistische Organisationen wie für die Republikaner oder für die NPD eintraten, wurden sie per Vorstandsbeschluss ausgeschlossen.[14] Auch wenn es möglicherweise einige Versuche gegeben hat, ist es organisierten Rechtsradikalen in keinem Fall gelungen, in Organisationen der IG Metall einzudringen oder dort Subkulturen aufzubauen.

Wirkungsvoll war die fortlaufende Kampagne »Mach meinen Kumpel nicht an«, die schon 1986 vor allem von der DGB-Jugend und der Gewerkschaftszeitung »ran« ins Leben gerufen worden war. Sie war ursprünglich in Frankreich entstanden, und das Symbol, die abwehrende gelbe Hand, wurde innerhalb kurzer Zeit zum bundesweiten Zeichen gegen Ausländerfeindlichkeit. Mit Faltblättern, Aufklebern und Plakatserien wurde Sympathiewerbung betrieben. Jugendverbände und Anti-Rassismus-Organisationen, die Ende 1991 eine Kampagne »Nein zu Gewalt und Rassismus« gestartet hatten, wurden mit knapp 30.000 DM unterstützt. Auch wurde darauf verwiesen, »dass die ausländischen Arbeitnehmerinnen und Arbeitnehmer in unserer Gesellschaft und in unserer Gewerkschaft mit 330.000 organisierten ausländischen Mitgliedern einen festen Platz [haben].«[15]

Bereits im Februar 1990 forderte die IG Metall, dass in Nordrhein-Westfalen in öffentlichen Schulen islamischer Religionsunterricht eingeführt werden solle, der unter deutscher Schulaufsicht auf laizistischer Grundlage durch geeignetes Fachpersonal erteilt werden sollte.[16] Aus heutiger Sicht kam diese Forderung sehr früh, machte aber bereits zu diesem Zeitpunkt vor dem Hintergrund einer kontinuierlichen muslimischen Einwanderung Sinn. In der Auseinandersetzung mit einer zunehmend polemischen Debatte um das Asylrecht mahnte die IG Metall Anfang der 1990er-Jahre eine versachlichte Diskussion an, weil es sowohl um die Bewahrung eines elementaren Grundrechtes als auch um das Selbstverständnis der Bundesrepublik ging. Deutschland habe bisher auf eine gestaltende Zuwanderungspolitik verzichtet und damit das Eingeständnis, ein Einwanderungsland zu sein, abgelehnt. Hieraus folgte eine gesellschaftliche Orientierungslosigkeit, die ein menschenverachtender Radikalismus für sich ausschlachten konnte. »Klar ist, dass die Bundesrepublik weder alle aktuellen Verwerfungen der Weltgesellschaft in ihrem Lande lösen, noch andererseits so tun kann, als ging sie das Schicksal eines großen Teils der Weltbevölkerung nichts an.«[17]

Obwohl seit dieser Aussage etwa 25 Jahre vergangen sind, hat sich diese Wertvorstellung nicht geändert. Die IG Metall fördert die Initiative »Respekt!«, die klare Signale gegen Rassismus und Diskriminierung setzt. Hunderte von einzelnen kreativen Aktionen haben deutlich gemacht, dass in der Bundesrepublik kein Platz für Rassismus sein darf.[18] Zusammenfassend ging Jörg Hofmann auf dem 23. Ordentlichen Gewerkschaftstag in seinem Zukunftsreferat auf die »Flüchtlingskatastrophe« 2014/15 ein: »Die Debatten der letzten Wochen haben gezeigt, wer Deutschland als Einwanderungsland sieht und vor allem, was ein jeder darunter versteht.

Abenteuerliche Vorstellungen traten deutlich zu Tage. Einwanderung, Asyl- und Flüchtlingsstatus, Armutsmigration in Europa – jedes dieser Themen ist für sich eine gesellschaftliche Debatte wert. Und keiner sollte so tun, als habe er eine fertige Antwort parat. [...] Es gibt nicht den Flüchtling, es gibt nicht den Deutschen. Was uns verbindet, ist das Menschsein, und das muss uns zu Humanität und Solidarität auffordern. [...] Wir sagen: Dem Rassismus keinen Platz in diesem Land! Null Toleranz für Faschisten und Rassisten in den Betrieben und in der Gesellschaft!«[19] Dieser Feststellung ist nichts hinzuzufügen.

Die Wiedervereinigung

Niemand im Westen hat den schnellen Zusammenbruch des sowjetischen Imperiums vorausgesehen. Auch die IG Metall wurden von den Entwicklungen überrascht. Zwar beobachtete die Gewerkschaft die Situation im zerfallenden Ostblock, aber sie beschränkte sich auf sporadische Aktivitäten. Bei dem Besuch von Michail Gorbatschow, dem Generalsekretär der KPdSU, im Frühjahr 1989 ergab sich die Frage, wie mit der DKP verfahren werden solle, die eine »Woche des Dialoges« anstrebte. Die IG Metall empfahl, sich hier nicht anzuschließen, sondern lieber in Verwaltungsstellen, in denen dies sinnvoll sei, eigene Aktionen durchzuführen.[20] Ein Besuch von Delegierten der ungarischen Stahl- und Metallarbeitergewerkschaft in Deutschland und zwei Gruppenreisen deutscher jugendlicher Gewerkschaftler nach Jugoslawien wurden gefördert.[21] Außerdem wurde die Solidarność-Bewegung in Polen unterstützt, und der demokratische Oppositionsführer Lech Wałesa besuchte im September den DGB Bundesvorstand.[22]

Die wachsende Zahl von Flüchtlingen aus der DDR stellte ein Problem dar, das pragmatisch angegangen wurde. Wenn die Zugezogenen Gewerkschaftler des FDGB waren, wurde versucht, sie in die westlichen Organisationen zu integrieren, und bereitwillig wurden auch Nicht-Mitgliedern einfache Hilfsangebote im Bereich Beratung und Rechtsschutz angeboten, wenn sie dies wünschten: »[...] es ist das Problem ratsuchender Personen angesprochen worden, die zum Beispiel erklären, aus politischen Gründen nicht Mitglied im FDGB geworden zu sein. Hierzu hat man die Haltung eingenommen, dass man sich einerseits wenig formalistisch verhalten, andererseits die normalen Werbebemühungen entfalten solle.«[23]

Im Sommer und im frühen Herbst 1989 stand nicht die Situation in der DDR und in der Sowjetunion, sondern ein anderes Thema eindeutig im Vordergrund. Für 1990 wurde eine harte Tarifauseinandersetzung erwartet, die präzise vorbereitet werden musste. Die Gewerkschaften befanden sich in der Opposition gegen die Politik der Bundesregierung, der ein teilweise schleichender, teilweise offener Sozialabbau vorgeworfen wurde. Die IG Metall war das tarifpolitische Wagnis eingegangen, zwischen 1987 und 1989 Verträge mit dreijähriger Laufzeit abzuschließen. Die arbeitsmarktpolitische Bilanz war eindeutig positiv, obwohl in diesen Jahren einige Einbußen bei den Einkommen eingetreten waren.[24] Betrachtet man die IG Metall im Sommer 1989, so entsteht der Eindruck, dass zwar sehr viel Arbeit anfiel, aber eine insgesamt ruhige, verhalten optimistische Sicht auf die Zukunft bestand.

1989 ging es der deutschen Wirtschaft – von wenigen Ausnahmen abgesehen – hervorragend. Die Lohnforderungen der letzten Jahre waren moderat gewesen, und viele Mitglieder äußerten die begründete Hoffnung, substantielle Verbesserungen zu erzielen. Im Mittelpunkt stand die Forderung nach der 35-Stunden-Woche bei vollem Lohnausgleich, und es bestand eine begründete Hoffnung, dass diese Arbeitszeitverkürzung durchsetzbar sein würde. Doch dann fiel am Abend des 9. November 1989 die Mauer!

Allerdings waren die *winds of change* bereits am 26. Oktober 1989 in Franz Steinkühlers Grundsatzreferat erkennbar, das er auf dem Gewerkschaftstag der IG Metall in Berlin hielt. Zwar handelte Steinkühler pflichtgemäß die Erfolge in der Tarifpolitik ab, plädierte für eine Verkürzung der Arbeitszeit, beschäftigte sich mit der ökologischen Umgestaltung der Industriegesellschaft und sprach kurz weitere Themen an, die gewerkschaftlich relevant waren. Die stärksten Passagen der Rede befassten sich aber mit dem Wandel im Osten, der Ungewissheit der Entwicklungen, aber auch mit den Chancen, die sich hier ergeben könnten. Steinkühler hob die Ambivalenzen hervor: Er hielt es für nicht hinnehmbar, dass in Deutschland wieder mit den Grenzen von 1937 und einem neuen Nationalismus argumentiert würde, sah aber Anzeichen großer Möglichkeiten bei der Solidarność in Polen und bei den radikalen Umwälzungen in Russland. Es bestünde die einmalige Chance, den Kalten Krieg zu beenden und zu einem dauerhaften Frieden zu gelangen. Utopien wie die Auflösung der beiden Militärblöcke würden möglich. Prognosen seien ausgeschlossen, aber die kontinuierliche Massenflucht aus der DDR sei eine »Volksabstimmung mit den Füßen«. In der DDR werde es nie wieder so sein wie es war. »Niemand wird diesen Freiheitsdrang abwürgen können […].«[25]

Außenpolitisch war die Haltung der IG Metall eindeutig: »Der Aufbau eines europäischen Sicherheitssystems muss die legitimen Sicherheitsinteressen unserer Nachbarn ohne Einschränkung gewährleisten. Die sofortige und unmissverständliche politische Garantie der polnischen Westgrenze ist unverzichtbar.« Die Einheit müsse in freier Selbstbestimmung erfolgen, und sie solle als demokratischer, auf kalkulierbare Stufen angelegter Prozess angegangen werden. Jede nationalistische Verkürzung des Einigungsprozesses wurde vehement abgelehnt. Hoheitsrechte seien schrittweise auf europäische Institutionen zu übertragen. Ferner wurde auf eine Fortsetzung des KSZE-Prozesses gesetzt.[26]

Aus heutiger Perspektive ist noch deutlicher als damals zu erkennen, dass zunächst alle Akteure sehr stark gefordert waren, weil plötzlich eine Situation eingetreten war, für die neue Rezepte entwickelt werden mussten und für die es keine Vorbilder oder Modelle gab. Die ersten Konzepte der IG Metall orientierten sich an westlichen Erfahrungen und setzten auf einen langsamen evolutionären Prozess. Eine Idee bestand beispielsweise darin, sich aus den innerbetrieblichen Abläufen in der DDR herauszuhalten, aber zugleich bei Bedarf mit Rat und Tat bereitzustehen. Angenommen wurde, dass man auf die alten Funktionäre des FDGB nicht verzichten könnte. Doch war deren Mentalität, die sich an Planerfüllungszahlen orientierte, dem westlichen Denken fremd. Dennoch bestand bei westlichen Metallern die Hoffnung, dass sich aus den alten Strukturen des FDGB langsam demokratische Formen herausbilden würden und diese dann nach und nach in einer Art von Selbstorganisation in die bundesdeutschen Gewerkschaften integriert werden könnten.

Schnell stellte sich aber heraus, dass dieses Konzept nicht funktionierte. Hierfür war erstens die Bonner Politik verantwortlich, die in extrem kurzer Zeit das westliche Modell auf die DDR übertrug und evolutionäre Prozesse verhinderte. Zweitens überschlugen sich die Ereignisse in der DDR: Die große Mehrheit der Bevölkerung forderte vehement die schnelle Angleichung der Lebensverhältnisse, die Einführung der D-Mark und zunehmend auch die Wiedervereinigung. Drittens wurde deutlich, dass die ehemals herrschenden post-stalinistischen Bürokraten nicht nur restlos abgewirtschaftet hatten, sondern evolutionäre Prozesse auch behinderten. Niemand im Osten vertraute noch den alten Funktionären. Für die westdeutschen Gewerkschaften bestand deshalb viertens die Gefahr, bei einer allzu großen Annäherung an den FDGB, der sich in einem sehr schnellen Prozess der Selbstauflösung befand, in den Zusammenbruch und in die Vertrauenskrise hineingezogen zu werden. Der FDGB war stets Erfüllungsgehilfe der SED gewesen. Er hatte im Zweifelsfall die Interessen der Einheitspartei, nicht die der Werktätigen vertreten. Schon Anfang 1990 reifte in der IG Metall die Erkenntnis, dass der FDGB nicht reformierbar war.[27]

Im Dezember 1989 beschlossen der DGB Bundesvorstand und die IG Metall einstimmig ein Sofortprogramm für die DDR.[28] Spätestens im Frühjahr 1990 wurde klar, dass die

Wiedervereinigung, die sich abzeichnete, immense Probleme mit sich bringen würde, auf die niemand vorbereitet war. Eine Idee der westdeutschen Gewerkschaften bestand darin, zunächst Partnerschaften zwischen Betrieben ins Leben zu rufen. Ferner sollten Betriebsräte aufgebaut werden, die als unverzichtbar für die gewerkschaftliche Organisation angesehen wurden. Bereits Anfang Januar 1990 bestanden bei der IG Metall etwa 30 Betriebspartnerschaften. Hier wurden ein Erfahrungsaustausch mit konkreter praktischer Hilfe verbunden und z. B. Seminare entwickelt, die auf die spezifischen Bedürfnisse der Arbeitnehmer in der DDR zugeschnitten waren. Allerdings traten erhebliche Kommunikationsprobleme mit der IG Metall Ost auf. In umfangreichen Diskussionen wurde gemahnt, darauf zu achten, dass nicht die falschen Leute unterstützt würden.[29] Auf einer Konferenz der Zentraldelegierten der IG Metall Ost stießen Fragen, die führenden Funktionären nach ihrer früheren und jetzigen Parteitätigkeit gestellt wurden, oft auf heftige Ablehnung, so dass keine Transparenz hergestellt wurde.[30] Der Umgang mit einigen Betriebsräten, die sich im Osten bildeten, war eine Gratwanderung, weil die Funktionäre des FDGB ein rotes Tuch für die meisten Arbeitnehmer darstellten. Bei der Einrichtung von Büros mussten deshalb Häuser des FDGB und der Staatssicherheit gemieden werden. Ferner wurde hier noch auf regionale Entwicklungen gesetzt: Die Aktivitäten der IG Metall dürften nicht übermäßig zentralisiert sein. Die wichtigste Schnittstelle seien die Bezirke. Der Vorstand könne nur eine koordinierende Funktion wahrnehmen. Vor allem aber müsse man sehr schnell Geld und Personal bereitstellen.[31]

Die Regierung in Bonn ließ zunächst die immensen Probleme hinter einer über-optimistischen Rhetorik zurücktreten. Bereits kurz nach dem Fall der Mauer äußerten weitsichtige Intellektuelle die Meinung, nun müsse Bundeskanzler Helmut Kohl sofort eine »Blut-, Schweiß- und Tränen-Rede« halten. Er müsse die Menschen im Westen auf drastische Steuererhöhungen, die im Osten auf Massenarbeitslosigkeit, Einkommenseinbußen, Unsicherheiten und auf politische, ökonomische und soziale Wandlungen vorbereiten, die viele wahrscheinlich erst einmal überfordern würden. Er hätte eine solche Rede mit einem trotzigen »wir schaffen das gemeinsam« beenden können. Stattdessen erklärte der Kanzler, niemandem würde es schlechter gehen. Schon im Sommer 1990 benutzte er in einer Fernsehansprache zum ersten Mal den später viel kritisierten Begriff der »blühende[n] Landschaften«.[32]

Die Realität der frühen 1990er-Jahre sah anders aus: Massenarbeitslosigkeit und der Zusammenbruch ganzer Industrieregionen prägten das Bild. Eine neuartige neoliberale Wirtschaftsideologie, die in Deutschland vorher nur ein Randdasein gespielt hatte und die sich an »Reaganomics« oder am »Thatcherismus« orientierte, erlebte plötzlich eine Hochkonjunktur. Westliche Glücksritter versuchten im Osten schnelles Geld zu machen. Die Regierung Kohl hat außenpolitisch in geschickten Verhandlungen sowohl mit den europäischen Partnern im Westen als auch mit Gorbatschow im Osten viel geleistet: Sozial- und wirtschaftspolitisch war ihre Bilanz in der ehemaligen DDR – zumindest aus der Perspektive der IG Metall – desaströs.

Die Zentrale in Frankfurt war durch kontinuierliche Kontakte zu Betriebsräten oder durch Mitgliederbefragungen sehr daran interessiert zu verstehen, was genau an der Basis vor sich ging. Sie sammelte unter Hochdruck Informationen, um ihren betreffenden Organen diejenigen Materialien, Medien, Fachleute oder Gelder zur Verfügung zu stellen, die effektiv benötigt wurden. Die Korrespondenzen zeigen die enormen Schwierigkeiten, die vor Ort auftraten. Sehr viele Gesuche nach Unterstützung und juristischer Beratung trafen ein, die komplizierte Fälle betrafen. Diese Briefe drückten auch die Hilflosigkeit einzelner Menschen in der DDR aus, die von den plötzlichen Wandlungen überfordert waren oder die vor dem wirtschaftlichen Nichts standen. Wo immer dies möglich war, wurde die gewünschte Hilfe bereitgestellt. Doch oft war diese Unterstützung nicht möglich, weil Arbeitnehmer Auflösungsverträgen zugestimmt hatten, ohne die Konsequenzen zu übersehen. Häufig waren auch Verträge über den Vorruhestand unterschrieben worden, die nicht rückgängig gemacht werden konnten. Dieses Material zeigt, wie in den Jahren 1990/91 im Osten zunehmend die Illusionen verflogen und sich bei den Arbeitsnehmerinnen und Arbeitnehmern und bei den vielen Arbeitslosen Verbitterung ausbreitete.[33]

Die IG Metall hat auf mehreren Ebenen agiert und versucht, die begrenzten Geldmittel möglichst effektiv einzusetzen. Bereits an der Jahreswende 1989/90 entwickelte sie in einigen Positionspapieren umfangreiche Ideen, wie die kollabierende DDR sinnvoll in das bundesdeutsche und in das gesamteuropäische Wirtschaftssystem integriert werden könnte. Die gewerkschaftlichen Vorstellungen wichen erheblich von den Ideen ab, die von der Regierung Kohl umgesetzt wurden. Die IG Metall und andere Gewerkschaften schlugen vor, die DDR zunächst unter eine Art schützenden Schirm zu stellen, um zumindest einige der Industrieanlagen zu sanieren. Auch sei es notwendig, die Ostmärkte zu erhalten. Von wenigen agrarischen Produkten abgesehen waren Waren, die in der ehemaligen DDR produziert wurden, im Westen nicht konkurrenzfähig, konnten aber noch einige Zeit im Osten abgesetzt werden. Auf diese Weise wäre ein Teil der Produktion aufrechterhalten worden. Zudem wäre Zeit für den notwendigen Umbau gewonnen worden.

Die Vorschläge der IG Metall und anderer Organisationen sind nicht erprobt worden. Deshalb kann auch nicht beurteilt werden, ob sie funktioniert hätten. Sicherlich handelte es sich um eine Illusion, dass innerhalb von drei bis vier Jahren Löhne und Gehälter auf Westniveau hätten angehoben werden können. Eindeutig lässt sich aber feststellen, dass alle negativen Folgen, die die IG Metall für die Politik der Regierung Kohl vorausgesagt hat, eingetroffen sind: In den frühen 1990er-Jahren trat in der ehemaligen DDR eine beschäftigungspolitische Katastrophe ein. Zudem wurde die Ost-West-Wanderung verstärkt, weil im großen Stil Arbeitsplätze im Osten wegbrachen.

Bereits im Februar 1990 wurde eindringlich vor einer vorschnellen Währungsunion gewarnt, weil diese zum Bankrott zahlreicher DDR-Betriebe und zu Massenarbeitslosigkeit führen werde. Ein sofortiges Hilfsprogramm müsse monetäre Schutzmaßnahmen mit Unterstützungen verbinden.[34]

Im Juni 1990 zeigte sich die IG Metall alarmiert und forderte sofortige Maßnahmen. Da die Währungsunion schon in der Jahresmitte kommen werde, bestanden gravierende Risiken. Damit werde die DDR ungeschützt der Weltmarktkonkurrenz ausgesetzt. Es drohe eine beschäftigungspolitische Katastrophe, die unbeherrschbare gesellschaftliche Fehlentwicklungen nach sich ziehen werde. Zudem würde die Übernahme des westlichen Systems der Lohnsteuern und Sozialabgaben ohne sofortige tarifpolitische Korrekturen zu einer gravierenden Minderung der Nominaleinkommen führen. Einen ähnlichen Effekt werde auch die Übernahme der marktwirtschaftlichen Preisbildung haben.[35] Bis zur Währungsunion war die Produktion weitgehend in den COMECON-Raum integriert gewesen und war in Transferrubeln verrechnet worden. Nach dem 1. Juli 1990 mussten die Produkte in Devisen verrechnet werden, und die Märkte brachen – mit wenigen Ausnahmen – schlagartig zusammen.

Diese Kritik an den Maßnahmen der Regierung Kohl hielt die IG Metall in ihrem Rückblick, den sie 20 Jahre später verfasste, aufrecht. Der Umtauschkurs der Währungsunion sei mehr an Wählerstimmen als an der ökonomischen Entwicklung orientiert gewesen. Er sei für die DDR-Betriebe zu hoch gewesen. Im Sommer 1990 gerieten sie deshalb sofort in die Schieflage. »Die Folge waren die höchsten Beschäftigungsverluste aller osteuropäischen Transformationsländer innerhalb der kürzesten Zeit.« Durch das Prinzip »Rückgabe vor Entschädigung« seien vielen Betrieben nach dem Verlust der Absatzmärkte im Osten und nach dem Kostendruck durch die Währungsumstellung auch noch die wichtigsten Vermögenspositionen aus den Bilanzen genommen worden. Die Schulden wurden hingegen nicht erlassen. Eigeninitiativen aus der ostdeutschen Wirtschaft heraus wurden auf diese Weise blockiert.[36] Das Credo, der Staat solle Rahmenbedingungen schaffen, in denen sich das freie Unternehmertum entwickeln könne, wurde von der Regierungskoalition faktisch außer Kraft gesetzt.

In der Grundsatzabteilung fanden sich 1990 ebenfalls dramatische, sehr pessimistische Stimmen: Die Wirtschaft der DDR sei veraltet, einige Anlagen stammten noch aus den 1930er- oder 1950er-Jahren. Viele Betriebe seien völlig überbesetzt und das Leitungspersonal sei teilweise inkompetent, bzw. ohne Rücksicht auf Qualitätsstandards nur an Planerfüllungszahlen interessiert. Die riesigen Kombinate arbeiteten ineffektiv. Das gesamte System war hoffnungslos zerrüttet und die jeweiligen Verantwortlichen befanden sich in einer existentiellen Legitimationskrise. Die Grundsatzabteilung hob hervor, dass auch im EU-Binnenmarkt immer längere Phasen der Übergänge und der Anpassung bei ungleicher Entwicklung üblich gewesen seien. So war Portugal vor dem Beitritt zur Europäischen Union, der 1986 stattfand, viel Zeit für überfällige Reformen seiner rückständigen Wirtschaft gegeben worden.[37] Die Partnerländer hatten diesen Wandel mit gezielten Programmen, Hilfen und Bildungsangeboten unterstützt, ferner waren diese Maßnahmen keineswegs uneigennützig erfolgt. Sie waren vor dem Hintergrund organisiert worden, dass Unternehmer und Exporteure in einem agrarisch und industriell höher entwickelten Land, in dem die Kaufkraft der Bevölkerung ebenfalls viel höher war, auch mehr Geld verdienen konnten als in einem Land, das sich – wie damals Portugal – noch fast auf dem Stadium eines Entwicklungslandes befand.

Die Staatswirtschaft der ehemaligen DDR wurde der Treuhandanstalt übergeben, die etwa 10.000 Betriebe übernahm. Für die Treuhand hatte die schnelle Privatisierung Vorrang, die Sanierung und der Erhalt von Arbeitsplätzen wurden als zweitrangig eingestuft. Häufig wurden Betriebe an Interessenten verkauft, deren Interesse am Erhalt der Produktion gering war. Schnelle Profite wurden auf diese Weise realisiert, umfangreiche Investitionen, die häufig teuer gewesen wären, wurden vermieden, obwohl sie in einigen Fällen möglich gewesen wären. Immerhin setzte die IG Metall im Juli 1990 wenigstens für die Metallindustrie der früheren DDR einen einjährigen Kündigungsschutz durch.[38]

Eine Fusion mit der IG Metall der ehemaligen DDR lehnte die IG Metall West nach reiflicher Überlegung strikt ab. Sie hielt die desolaten Strukturen der IG Metall Ost für nicht reformierbar. Auch wollte die IG Metall West auf keinen Fall Rechtsnachfolgerin der IG Metall Ost bzw. des FDBG werden, weil die finanziellen und personellen Risiken nicht kalkulierbar waren. Die einzige Möglichkeit bestand deshalb in der Auflösung der IG Metall Ost und dem individuellen Neubeitritt der Mitglieder in die IG Metall West. Steinkühler und der Vorstand hatten im Interesse aller Mitglieder einen langsamen Prozess für wünschenswert gehalten, doch war diese Entwicklung nicht möglich, weil die Politik andere Vorgaben machte. Durch den Staatsvertrag galten plötzlich westdeutsche Gesetze in der ehemaligen DDR, und die meisten

Arbeitnehmerinnen und Arbeitnehmer hatten auf diesen Gebieten noch keine Erfahrungen oder Qualifikationen. Es bestünde – so Steinkühler – ein großes Misstrauen gegen den FDGB, aber Gewerkschaften müssten schnellstmöglich präsent sein, um ein Gegengewicht gegen das Lager der Arbeitgeber zu bilden. »Faktisch muss die IG Metall der Bundesrepublik bereits jetzt die Vertretung der Arbeitnehmerinteressen in der DDR wahrnehmen, auch wenn uns vielfach hierfür die Strukturen, ja wenn man's genau nimmt, die formale Legitimation fehlt.«[39]

Der Aufbau im Osten orientierte sich nach dem Willen der IG Metall West strikt an demokratischen Strukturen. Es gab kein Berufsverbot für Hauptamtliche der Ost-IG Metall, aber auch keine Zusagen für Einstellungen und Übernahmen. Stattdessen sollten diese Dinge über freie Wahlen geregelt werden. »Allein entscheidend auf dieser Ebene ist das Vertrauen der Mitglieder, das durch die Wahl der Bevollmächtigten und der Ortsverwaltung dokumentiert wird. Wer allerdings dann gewählt wird und das Vertrauen der Mitglieder besitzt, der wird von uns akzeptiert, auch wenn er vormals Hauptamtlicher der Ost-IG Metall war. Vorrangig war deshalb, so schnell wie möglich dieses Vertrauen der Menschen in den Betrieben zu erwerben.[40] Angestellte der IG Metall mussten aber in einem Personalfrageboten ihre ehemalige und jetzige gewerkschaftliche Funktion angeben und eine Erklärung unterschreiben, dass sie niemals für das Ministerium für Staatssicherheit tätig gewesen waren.[41]

Ehemalige Funktionäre des FDGB und der IG Metall Ost versuchten, die Verwaltungsstellen weiterhin zu dominieren und ihre Privilegien in die neue Zeit zu retten. Unter den einfachen Mitgliedern und in vielen Belegschaften waren diese Personen aber verhasst. Kaum jemand wollte noch mit ihnen zusammenarbeiten. Zugleich stellte die IG Metall West fest, dass sie auf betrieblicher Ebene über zu geringe Kenntnisse verfügte, um einzugreifen. In den großen Kombinaten waren viele Direktoren eng mit der Staatssicherheit verbunden gewesen und entließen 1990 zuerst diejenigen Menschen, die ihnen gegenüber kritisch eingestellt waren, bzw. die die friedliche Revolution in der DDR vorangetrieben hatten.[42] Zugleich häuften sich die Klagen darüber, dass Geschäftsleitungen ihr eigenes Wohlergehen mehr am Herzen läge als die sozialen Bedürfnisse der Belegschaften. Auch bestanden erschreckende Defizite an unternehmerischen und organisationspolitischen Führungsqualitäten.[43]

Im Juli 1990 übte die Vorstandsverwaltung der IG Metall West in Dresden Kritik an der Art, wie Gewerkschaftsarbeit regional umgesetzt werden würde. Etwa die Hälfte der Betriebsräte sei nicht nach den Grundsätzen der Übergangsbestimmungen gewählt worden. Viele seien nicht von der Belegschaft gewählt worden, häufig habe es Unstimmigkeiten gegeben, oft hätten auch Abstimmungen per Akklamation stattgefunden.[44]

Gleichzeitig wussten die meisten Arbeiter und Angestellten, die sich zur Demokratie bekannten, zu wenig über die Funktionsweise des westlichen Wirtschafts- und Gewerkschaftsmodells bzw. wie man alternativ zum FDBG und zur IG Metall Ost agieren sollte. Ab dem 1. Juli 1990 galten auf dem Territorium der DDR das bundesdeutsche Aktiengesetz und die Mitbestimmungsregeln. Da die Kombinate in Aktiengesellschaften und die Kombinatsbetriebe in GmbHs umgewandelt wurden, mussten Aufsichtsräte mit Arbeitnehmervertretern gebildet werden. Die einzige Möglichkeit bestand darin, Gewerkschaftsvertreter aus dem Westen zu entsenden, weil diejenigen aus dem Osten selbst bei größtem Fleiß gar nicht in der Lage gewesen wären, sich innerhalb weniger Wochen in die komplizierte Materie einzuarbeiten.[45]

In der DDR war die staatliche Gliederung für die Gewerkschaftsstrukturen ausschlaggebend gewesen; die 15 Bezirksleitungen hatten alle auch eine IG-Metall-(Ost)-Leitung. Jetzt wurden fünf neue Bezirksleitungen geplant mit dem Ziel, die Schutz- und Gestaltungsfunktion der IG Metall zu erhalten und auszubauen. Außerdem wurden 34 Verwaltungsstellen im Laufe des Jahres 1990 neu eingerichtet. Eine neu formierte Steuerungsgruppe sollte hier helfend zur Seite stehen. Beim Organisationsaufbau traten immer wieder ähnliche Probleme auf: Es fehlten Personal, Gebäude oder Räume. Die Mitgliedererfassung stellte sich als viel schwieriger heraus, als ursprünglich angenommen worden war, und Beiträge gingen nur schleppend ein. Permanent überlastete Telefone und Fernschreiber behinderten die direkte Kommunikation und erschwerten Kontakte zur Presse. Auf der Grundlage des Betriebsverfassungsgesetzes der Bundesrepublik wurden seit dem 2. Juli Vorbereitungen für die Wahlen demokratisch legitimierter Betriebsräte getroffen. Diese Wahlen mussten allerdings zeitlich dem Aufbau eingespielter Gewerkschaftsstrukturen vorausgehen. Wesentliche Unterstützung durch die desolate IG Metall Ost erwartete die IG Metall West dabei nicht – sie müsse sich deshalb auf sich selbst verlassen.[46] In ungefähr 5.000 Betrieben waren etwa 30.000 Betriebsräte zu wählen. Diese Wahlen mussten bis zum 31. Dezember 1990 abgeschlossen werden. In einem extrem engen Zeitrahmen wurde Informations- und Werbematerial hergestellt.[47]

Hieraus ergab sich eine weitere Aufgabe, die organisationspolitisch kaum lösbar schien. Da die Mitglieder nicht einfach übernommen, sondern neu aufgenommen wurden, war ein erheblicher Arbeitsaufwand zu leisten, zu dem auch gehörte, dass hunderttausende von neuen Bankverbindungen eingerichtet werden mussten. Zudem befanden sich die alten Mitgliederkarteien in den Geschäftsstellen in einem schlechten Zustand bzw. waren oft nicht mehr aktuell, so dass die IG Metall erhebliche Probleme hatte festzustellen, wen sie ansprechen konnte oder sollte. Allein die Beschaffung der Adressen der potentiellen neuen Mitglieder erforderte einen hohen Arbeitsaufwand. Deshalb wurde wo möglich in den Betrieben direkt geworben.

Stationen zur Gewerkschaftseinheit

9. November 1989	Öffnung der Berliner Mauer
Resolution der IG Metall West auf dem Gewerkschaftstag vom 21./22. November 1989	Unterstützung der demokratischen Umgestaltung
Sofortprogramm vom 6. Dezember 1989	Einrichtung von Betriebspartnerschaften, Beteiligung an Bildungsveranstaltungen
Gemeinsame Erklärung der IG Metall West und der IG Metall Ost vom 27. Februar 1990	Ziel: Gewerkschaftseinheit, Einrichtung von Informationsbüros in der DDR
18. März 1990	Vorgezogene Wahlen zur Volkskammer, erste freie Wahlen in der DDR
8./9. April 1990	Zentraldelegiertenkonferenz der IG Metall der DDR (Statut, Wahlen)
Hamburger Vereinbarung vom 25. Mai 1990	Auflösung der IG Metall der DDR zum 31. Dezember 1990, Individueller Beitritt ihrer Mitglieder zur IG Metall West
1. Juli 1990	Herstellung der Wirtschafts-, Währungs- und Sozialunion
Zentraldelegiertenkonferenz der IG Metall DDR vom 5./6. Oktober 1990	Auflösungsbeschluss, Beitrittsempfehlung zur IG Metall West
3. Oktober 1990	Beitritt der DDR zur Bundesrepublik Deutschland nach Artikel 23 des Grundgesetzes
1./2. November 1990	Außerordentlicher Gewerkschaftstag (Satzungsänderungen)
1. Januar 1991	Gewerkschaftseinheit

Wegen der zahlreichen offenen Fragen zog sich die endgültige Liquidierung der IG Metall Ost bis zum Juli 1997 hin. Der größte Teil des restlichen Vermögens wurde dann der Otto Brenner Stiftung als Zustiftung übergeben.[48]

Scharfe Kontroversen um die Frage »Entschädigung oder Rückgabe« prägten die öffentlichen Debatten um die deutsche Einheit. Hiervon wurde die IG Metall kaum betroffen, weil sie in den späten 1940er-Jahren, als die Enteignungen im Kommunismus begannen, in der DDR über kein Eigentum mehr verfügt hatte. Der Besitz der Gewerkschaften war bereits 1933 im ehemaligen Deutschen Reich von der nationalsozialistischen Regierung beschlagnahmt worden. In der »alten« Bundesrepublik war dieses Problem Anfang der 1950er-Jahre gerichtlich geklärt worden. Die IG Metall, die für mehrere Organisationen als Rechtsnachfolger auftrat, hatte – sofern sie den Nachweis führen konnte – ihre Grundstücke und Häuser, wenn diese den Krieg überstanden hatten, zurückerhalten. Im Jahre 1990 war diese Frage auf dem Gebiet der DDR nur schwierig zu klären, weil fast keine Zeitzeugen mehr lebten, an die sich die Gewerkschaft hätte wenden können. Die IG Metall suchte schnell nach Unterlagen zum Immobilienbesitz vor 1933 auf dem Territorium der ehemaligen DDR – besonders Gewerkschafts- und Volkshäuser.[49] Der vorgegebene Zeitrahmen, in dem Ansprüche angemeldet werden mussten, war mit dem Oktober 1990 extrem eng. Immerhin wurden bis Ende September die meisten ehemaligen Besitzungen, insgesamt 327 Objekte, ermittelt. Hierbei leisteten zahlreiche Einzelpersonen und Büros in der DDR Hilfe.[50]

Im Frühjahr 1991 spitzte sich die Beschäftigungskatastrophe weiter zu. Im Vergleich zum Vorjahr sank im Osten das Bruttoinlandsprodukt Ende 1990 um 31,3 % und die Industrieproduktion um 53 %. Noch schlimmer sah es in einigen Kernbereichen der Gewerkschaft aus: In der Metallurgie betrug der Einbruch 75 %, in der Elektrotechnik 58 % und im Maschinen- und Fahrzeugbau 37 %. 1,5 Millionen Arbeitsplätze waren bereits fortgefallen, hinzu kamen 1,8 Millionen Kurzarbeiter, von denen fast ein Drittel aus der Metallindustrie stammte. Im Oktober 1990 waren noch 1,2 Millionen in der Metallindustrie beschäftigt, allerdings davon 520.000 in Kurzarbeit (Januar 1991 = 560.000).[51] Diese Lage bot keinerlei Anlass zu Optimismus. Die Wirtschaftsabteilung zog ein lakonisches Fazit. Die Regierung müsse eine prinzipielle Entscheidung treffen: Sie könne Exporte z. B. durch Hermesbürgschaften garantieren oder Arbeitslosigkeit finanzieren.[52]

Deshalb wurden viele lokale Initiativen organisatorisch unterstützt. Beispielsweise gründeten im Januar 1991 auf Initiative der IG Metall und mehrerer Betriebsräte fünf Metallfirmen in Südthüringen eine Entwicklungsgesellschaft. Mit Unterstützung der Treuhandgesellschaft, Sozialplangeldern und der Bundesanstalt für Arbeit, die einen Anschubkredit gaben, sollte dem befürchteten Verlust von 15.000 Arbeitsplätzen im Raum Suhl aktiv entgegengearbeitet werden. Zukunftsträchtige Produktionsbereiche sollten gesichert oder neu aufgebaut werden. Hier handelte es sich um eine der ersten Beschäftigungsgesellschaften, die auch ohne vorherige Arbeitslosigkeit mit ABM-Geldern gefördert wurde. Dieses Projekt war nur deshalb möglich, weil sich die Simson-

Belegschaft sehr dafür eingesetzt und öffentlichkeitswirksame Aktionen durchgeführt hatte – sie hatte Kreuzungen blockiert und Werktore besetzt.[53]

In der Tarifpolitik bestanden höchst unterschiedliche Auffassungen zwischen dem Lager der Arbeitgeber und der IG Metall. Zugleich wuchs aber die klare Einsicht, dass die Beschäftigungskrise im Osten am besten gemeinsam angegangen werden solle: Es handele sich um einen einmaligen Vorgang, der das pragmatische und zügige Handeln aller staatlichen und gesellschaftlichen Einrichtungen erfordere. Mitte Juli 1991 arbeitete ein Gesprächskreis von Gewerkschaften, Arbeitgebern und der Treuhand auf Kompromisse hin.[54]

Einigkeit bestand erstens darin, dass Gesellschaften zur Arbeitsförderung, Beschäftigung und Strukturentwicklung (ABS) geeignet seien, die Umstrukturierungen konstruktiv zu begleiten.[55] Übereinstimmend stellten IG Metall und Gesamtmetall im Dezember 1992 fest, dass die Arbeitsplatzvernichtung und die Entindustrialisierung ein ernstes Risiko für den sozialen Frieden darstellen würden. Gesamtmetall gestand zu, dass die bisherigen Lohnerhöhungen im Osten in der Metall- und in der Elektroindustrie mit der Produktivitätsentwicklung im Einklang stehen würden, d.h. die Lohnforderungen der IG Metall in den letzten Jahren äußerst moderat gewesen seien.

Zweitens war der Arbeitgeberverband der Meinung, dass Tariföffnungsklauseln im Osten kein geeignetes Instrument zur Lösung der Probleme sein würden, weil dadurch der soziale Frieden gefährdet werden würde.

Drittens verlangten beide Tarifparteien gemeinsam von der Politik, dass die Schaffung wettbewerbsfähiger Arbeitsplätze vorrangiges Ziel sein müsse. Hinzu kamen Forderungen nach staatlichen Existenzhilfen. Sanierung müsse Vorrang vor Privatisierung haben. Außerdem wurden detaillierte neuartige Vorschläge für die Absatzförderung Ost erarbeitet.[56]

In einem gemeinsamen Positionspapier stellten Gesamtmetall und die IG Metall ferner fest, dass der industrielle Mittelstand im Gegensatz zu den Treuhandbetrieben vollständig auf sich selbst angewiesen sei. Er erhalte weder Liquiditäts- noch Investitionskredite. Beide Organisationen forderten den Erlass zumindest eines Teiles der Altschulden und damit die Gleichbehandlung mit den Treuhandunternehmen. Ferner wurde festgestellt, dass immer noch etwa 200.000 Arbeitsplätze direkt und ungefähr die gleiche Zahl indirekt vom GUS-Markt abhängig seien. Deshalb solle die Politik als Sofortmaßnahme mehr Hermesbürgschaften bereitstellen. Die Tarifparteien waren sich einig: Ein selbsttragender Aufschwung war nur mit einem starken industriellen Rückgrat möglich. Die Entindustrialisierung im Osten stelle ein ernstes Risiko für den sozialen Frieden dar.[57]

Diese Quellen zeigen, dass im organisierten Arbeitgeberlager eine gewisse Bereitschaft bestand, auf die Gewerkschaft zuzugehen, um die schwierige ökonomische Situation in der ehemaligen DDR in den Griff zu bekommen. Die Quellen zeigen aber auch, dass bei den Arbeitgebern keineswegs eine einheitliche Linie vorhanden war, die von einem starken Verband vorgegeben wurde. Einerseits gab es viele Unternehmen, die den Osten als ein neues Experimentierfeld ansahen. Sie strebten eine Unterhöhlung der Tarifverträge an und versuchten, die bisherige soziale Ordnung der Bundesrepublik zu revidieren, wie im nächsten Kapitel geschildert wird. Andererseits bestanden aber auch im Arbeitgeberlager ernste Sorgen über die Entwicklungen im Osten, die der Kontrolle zu entgleiten drohte.

Die schwierigen 1990er-Jahre

Nicht nur im Osten, sondern auch im Westen waren die 1990er-Jahre durch sehr schwierige Entwicklungen geprägt. Zu Beginn des Jahrzehntes fanden mehrere harte Auseinandersetzungen mit dem Arbeitgeberlager statt, die über die reine Tarifpolitik hinausgingen. Darauf folgte 1993/94 eine schwere Wirtschaftskrise, durch die die Arbeitslosigkeit auch im Westen dramatisch anstieg und viele Jahre auf hohem Niveau blieb. Dies berührte die IG Metall direkt, weil auch ihre Mitgliederzahlen dauerhaft sanken, und Gegenmaßnahmen nur wenig Wirkung zeigten. Zudem geriet die IG Metall in eine unangenehme defensive Position, weil sich sowohl im Lager der Arbeitgeber, als auch in Kreisen der Regierung kontinuierlich neoliberales Denken verbreitete. Die Versuche, den Gewerkschaften eine Standortdebatte aufzuzwingen, zeigten deshalb einige Wirkung in der Öffentlichkeit.

Wie wichtig Streikfähigkeit und Streikbereitschaft im konkreten Einzelfall sein konnte, lässt sich an vielen Beispielen der 1990er-Jahre zeigen. Ziel der IG Metall im Osten war der Erhalt bzw. die Schaffung von Arbeitsplätzen und eine möglichst schnelle Angleichung von Löhnen, Gehältern und Arbeitsbedingungen. Im Westen konzentrierte sich die Gewerkschaft auf die 35-Stunden-Woche und auf die moderate Erhöhung der Einkommen vor allem bei den unteren Gehaltsklassen. 1991 fanden zähe Verhandlungen im Westen statt, bei denen es der IG Metall gelang, ihre Basis zu mobilisieren. Fast eine Million Metaller nahmen zwischen dem 30. April und dem 28. Mai 1991 an Warnstreiks teil.

Diese massive Beteiligung reichte aus: Gesamtmetall lenkte ein. Die glaubwürdige und entschlossene Drohung mit einem Streik, der zugleich erhebliches Potenzial zur Eskalation beinhaltete, führte dazu, dass die wesentlichen Positionen durchgesetzt wurden. In der Nacht vom 4. auf den 5. Mai wurde in Nordwürttemberg/Nordbaden ein Abschluss erzielt, der dann in den meisten anderen Tarifgebieten umgesetzt wurde. Löhne und Gehälter wurden um 6,7 %, die Ausbildungsvergütungen um 110 DM erhöht, und für alle Ausbildungsjahre wurde für April und Mai eine Pauschale von 290 DM vereinbart. Für die IG Metall war politisch wichtig, dass der Lohnschlüssel in den drei unteren Lohngruppen dauerhaft verändert worden war.[58]

Scharf sprach sich die IG Metall gegen die Idee aus, die kommende Pflegeversicherung durch bis zu sechs Karenztage zu finanzieren. Die IG Metall in Schleswig-Holstein hatte vom 24. Oktober 1956 bis zum 4. Februar 1957 den längsten Arbeitskampf ihrer Geschichte geführt, um die Diskriminierung von Arbeitern im Krankheitsfall zu beseitigen und sie mit Angestellten gleichzustellen. Die IG Metall war für die

Einführung der Pflegeversicherung, hielt aber einen Angriff der Bundesregierung auf die Tarifautonomie für einen sozialpolitischen Skandal.[59]

Erneut zeigten Anfang 1992 Signale aus dem Arbeitgeberlager, dass eine sowohl untypische als auch harte Auseinandersetzung bevorstand. Bereits am 10. Februar formulierten die Geschäftsführenden Vorstandsmitglieder einige zentrale Forderungen zur Tarifbewegung in der Metallindustrie.[60] Die Ausgangslage bestand in erschwerten ökonomischen Rahmenbedingungen, verbunden mit hohen Einkommenserwartungen der Arbeitnehmer aufgrund der Entwicklung des Netto-Realeinkommens 1991 und der Preissteigerungsrate 1992. Die Gewerkschaft erkannte eine große Entschlossenheit der Arbeitgeber, aus wirtschafts-, gesellschafts- und verbandspolitischen Gründen eine harte Tarifauseinandersetzung zu führen und einen Abschluss unterhalb der Preissteigerungsrate durchzusetzen. Die Bereitschaft, einen Streik »anzunehmen«, war vorhanden, und massiver politischer Druck wurde ausgeübt. Zugleich bestanden in einzelnen Branchen, Regionen und Betrieben deutliche Unterschiede in der Mobilisierungsbereitschaft der Belegschaften.[61]

Bis zum Verhandlungsbeginn etwa Mitte März wurde deshalb ein umfangreicher Maßnahmenkatalog erstellt. Dieser umfasste die argumentative Vorbereitung, Seminare für betriebliche Funktionäre, Kontakte mit weiteren gesellschaftlichen Gruppen und betriebliche Mobilisierungsaktionen. Tarifauseinandersetzungen wurden auf Betriebsversammlungen behandelt und noch während der Friedenspflicht wurden Warnstreiks vorbereitet. Zusätzlich wurde Druck ausgeübt, um Überstunden und Sonderschichten zu verringern.[62]

Diese Vorbereitungen zeigten Wirkung, weil derartige Mobilisierungen im Westen möglich waren. Deshalb scheint ein Teil des Arbeitgeberlagers den Osten als neues Experimentierfeld und mögliches Kampfgebiet ins Auge gefasst zu haben, um einen frontalen Angriff auf die Gewerkschaften zu beginnen.

1993 war ein vorläufiger Tiefpunkt der Beschäftigungskrise im Osten erreicht. Auch in Teilen der IG Metall herrschte Niedergeschlagenheit. Diskussionen begannen, ob es nicht sinnlos sei, weiterhin eine fruchtlose Diskussion mit der Regierung zu führen, die zielstrebig auf weiteren sozialen Abbau setze. Franz Steinkühler und andere Vorstandsmitglieder traten derartigen Meinungen entgegen. Man könne nicht erwarten, dass die Regierung und die Arbeitgeber die Position der IG Metall übernähmen, aber man müsse weiter mit denjenigen reden, die Macht und Einfluss hätten, weil es hierzu keine Alternative gäbe. Aber auch Steinkühler rechnete mit einer weiteren Verschlechterung der wirtschaftlichen Situation. Man müsse teilen, »und zwar nicht aus dem Zuwachs, sondern aus der Substanz. Wer das nicht wolle, müsse sagen, wie er das verhindern könne und wolle.«[63]

Ausgehend vom Osten versuchte ein Teil der Arbeitgeber 1993 eine grundlegende Umgestaltung des Verhältnisses zu den Gewerkschaften zu erreichen und in einem Großangriff die eingespielten Tarifbindungen auszuhebeln. In allen östlichen Tarifgebieten wurden die Schlichtungen angerufen. Zugleich war aber deutlich, dass die Arbeitgeber die Schlichtung scheitern lassen wollten. Zum 31. März gaben sie die außerordentliche Kündigung der laufenden Stufentarifverträge mit Berufung auf die schwierige wirtschaftliche Lage bekannt. Besorgniserregend war für die IG Metall auch, dass sich die Bundesregierung offen auf die Seite der Arbeitgeber stellte.[64] Der Osten wäre auf diese Weise das Versuchsfeld für eine völlig neue Form von Tarifpolitik geworden. Hier bestand die konkrete Gefahr eines Präzedenzfalles, der irgendwann auch auf den Westen hätte übertragen werden können. Diese politische Dimension hob Steinkühler besonders hervor: Die Arbeitgeber versuchten in Landesteilen mit extremer Massenarbeitslosigkeit und Existenzängsten die Tarifautonomie aufzubrechen.[65]

Die Führung der IG Metall sah sich in eine schwierige Situation gedrängt. Sie konnte einerseits einen derartigen Präzedenzfall auf keinen Fall zulassen. Andererseits würde – so die Einschätzung – in der Öffentlichkeit wegen der prekären ökonomischen Lage sowohl im Westen als auch im Osten nur wenig Verständnis für einen Streik aufgebracht werden, in dem politische Themen im Vordergrund stehen würden. Zudem war unsicher, ob genügend Mobilisierungspotenzial bei den Mitgliedern und in den Betrieben vorhanden sein würde. Auch die Auswahl derjenigen Firmen, die bestreikt werden sollten, war schwierig: Auf jeden Fall musste vermieden werden, dass Betriebe durch den Streik in eine noch schlechtere ökonomische Situation gebracht werden würden, als sie ohnehin schon bestand. In einigen Regionen der ehemaligen DDR war der Organisationsgrad im Arbeitgeberlager so gering, dass Ansprechpartner fehlten, die – wie

Gesamtmetall im Westen – für die Arbeitgeber insgesamt hätten sprechen bzw. verhandeln können.

Anfang April wurde jedoch klar, dass dieser Streik nicht zu vermeiden war. 160.000 Arbeitnehmer in etwa 490 Betrieben nahmen an Warnstreiks teil. Dies zeigte, dass sich die Metaller im Osten mit dem Tarifvertrag identifizierten und seine Durchsetzung bzw. Beibehaltung wollten.[66] In einer Presseerklärung vom 6. April gab die IG Metall bekannt, dass sie wegen der schwierigen Situation der Menschen und Betriebe in Ostdeutschland eigentlich keine Eskalation wolle. Seitens der Metall- und Stahlarbeitgeberverbände habe es aber einen Rechtsbruch gegeben, und eine Zuspitzung des Konfliktes bis hin zur Zerstörung verbindlicher Flächentarifverträge sei möglich. »Gesamtmetall und der Arbeitgeberverband Stahl setzen offensichtlich darauf, die IG Metall in einen flächenbezogenen Streik von langer Dauer zu zwingen, dessen ökonomische Wirkung gering sein und dessen politische Wirkung sich gegen die IG Metall selbst richten soll. Gegen diesen Generalangriff muss sich die IG Metall daher auch auf neue Antworten und auf unterschiedliche Formen eines Arbeitskampfes vorbereiten [...].«[67]

Der Streik wurde im April sorgfältig vorbereitet und zunächst bewusst begrenzt geführt, zugleich wurde aber deutlich gemacht, dass ein ausreichendes Eskalationspotenzial vorhanden war. Nach einer Urabstimmung, die 84,95 Prozent Zustimmung erbracht hatte, wurde der Streik am 29. April genehmigt. Zunächst wurden im Tarifgebiet Stahlindustrie Ost sechs Betriebe und im Tarifgebiet Sachsen 20 Betriebe mit 14.300 Beschäftigten bestreikt. Ab dem 6. Mai kamen 20 weitere Betriebe in Sachsen und sieben in Mecklenburg-Vorpommern hinzu. Zahlreiche weitere Anträge auf Urabstimmung auch aus dem Westen waren inzwischen eingegangen. Im Westen wurden aber zunächst nur Solidaritätsaktionen mit Plakaten und Anzeigen durchgeführt.[68] An einem Aktionstag am 12. Mai beteiligten sich etwa 400.000 Arbeitnehmer.[69]

Der Streik endete nach etwa drei Wochen mit einem fast vollständigen Erfolg der IG Metall. Am 14. Mai wurde in Sachsen und am 24. Mai in der gesamten Stahlindustrie vereinbart, dass die außerordentliche Kündigung gegenstandslos gewesen sei. Die IG Metall kam den Arbeitgebern nur in einem Punkt entgegen, weil sie zugestand, dass der Stufenplan zur Angleichung der Löhne und Gehälter zeitlich gestreckt wurde. Nur in wenigen genau umrissenen Härtefällen durfte von ihm abgewichen werden. Allerdings sprach Steinkühler nur von einem Etappensieg. Immerhin sei dies aber der erste Streik seit 60 Jahren in Ostdeutschland gewesen. Seine Einschätzung, dass damit die Wiedervereinigung in der IG Metall Realität geworden sei, war allerdings recht optimistisch. Andere Mitglieder wiederum hoben hervor, dass die Hürden für einen neuerlichen Tarifbruch im Osten und Westen nun höher gelegt seien. Mit dem Erhalt des Flächentarifvertrages sei der Boden für künftige Auseinandersetzungen bereitet.[70]

Die Gründe, warum das Arbeitgeberlager aufgab, sind aus den Akten nicht klar ersichtlich. Klaus Zwickel vermutet, dass möglicherweise auch den westlichen Unternehmerverbänden das Vorgehen einiger Unternehmer im Osten zu weit ging. Möglicherweise habe Gesamtmetall ordnend eingegriffen, weil Gefahren für die Einigkeit des Arbeitgeberlagers auftauchten und gar kein Interesse daran bestand, eine Auseinandersetzung zu führen, bei der es weniger um konkrete Tarife als vielmehr um politische Angelegenheiten ging.[71]

Seit 1993 entwickelte sich auch die westdeutsche Beschäftigungsbilanz negativ. Allein im ersten Halbjahr 1993 sank das Arbeitsvolumen um 12 %, die Beschäftigungszahl reduzierte sich um 7 % und die Einkommensbilanz ging zurück. Zwar wurden die mittel- und langfristigen Zukunftschancen der Metallindustrie als glänzend eingeschätzt, jetzt aber erfasste die Krise zunächst auch die traditionellen Kernbereiche wie Maschinenbau, Elektro- und Automobilfertigung.[72] Bei den Gegenmaßnahmen war die IG Metall bereit, weitgehende Konzessionen zu machen. Ursprünglich kündigte VW an, in den nächsten zwei Jahren mindestens 30.000 Arbeitsplätze abzubauen. Die IG Metall war deshalb bereit, einer radikalen Absenkung der Arbeitszeit zuzustimmen, dafür wurde aber rechtlich verbindlich eine Beschäftigungssicherung zugesagt. Betriebsbedingte Kündigungen für die kommenden zwei Jahre wurden ausgeschlossen. Die damit verbundenen Einkommensverzichte, die real etwa 10 Prozent betrugen, hielt die IG Metall gerade noch für sozial verträglich.[73]

Allerdings kündigten die Arbeitgeber Ende 1993 unerwartet die Urlaubsbestimmungen und die Lohn- und Gehaltstarifverträge in den meisten Tarifgebieten. Gesamtmetall versuchte erneut, eine grundsätzliche Wende in der Tarifpolitik zu erzwingen und setzte den Hebel diesmal im Westen an.

Klaus Zwickel, der nach dem Rücktritt von Steinkühler auf einem außerordentlichen Gewerkschaftstag am 2. Oktober 1993 zum Vorsitzenden gewählt worden war, sah eine wirtschaftliche und eine politische Dimension. Der IG Metall sollte offensichtlich wiederum ein Streik aufgezwungen werden. Ein kurzfristiger Mobilisierungsschub sei zwar vorhanden, dieser müsse aber dauerhaft verankert werden.[74]

Begleitet wurde die Offensive der Arbeitgeber einmal mehr durch eine Standortdebatte, die medial wirkungsvoll ausgeschlachtet wurde: Die Gewerkschaften wurden für die schlechte wirtschaftliche Situation verantwortlich gemacht. Massive Warnstreiks folgten, an denen sich in 4.800 Betrieben etwa 1,2 Millionen Beschäftigte beteiligten. Die IG Metall beschloss, zunächst nur ein kleines Tarifgebiet zu bestreiken, um Lösungen auf niedrigem Konfliktniveau zu ermöglichen. In einer Urabstimmung in Niedersachsen votierten Anfang März 92,2 Prozent für einen Streik.

Am 4./5. März kam doch noch kurzfristig eine Einigung mit einer geringen Lohnerhöhung und einer einmaligen Kürzung der Sonderzahlungen um 10 Prozent zustande. Die IG Metall gestand zu, dass in genau bezeichneten Fällen die Arbeitszeit durch freiwillige Betriebsvereinbarungen auf 30 Stunden abgesenkt werden durfte, wenn nur so betriebsbedingte Kündigungen vermieden wurden. Das Urlaubsabkommen wurde wieder in Kraft gesetzt.[75] Innerhalb der Belegschaften stieß der Abschluss in Niedersachsen auf einige Kritik, aber die Zentrale in Frankfurt kam zu dem Schluss, dass auch mit einem großen Streik nicht mehr erreichbar gewesen wäre.[76] Die gesamte gesellschaftliche Situation und die gewerkschaftsfeindliche Politik der Regierung Kohl ließen wenig Spielraum.

Speziell im Bereich der Metallarbeiterschaft ergab sich während der 1990er-Jahre ein weiteres Dilemma: Das Ende des Kalten Krieges wurde überall mit Erleichterung begrüßt. Zugleich bestand aber die Gefahr, dass Arbeitsplätze in denjenigen Betrieben fortfallen würden, die in der Metallbranche für die Rüstung arbeiteten. Seit 1990/91 wurde deshalb intensiv darüber diskutiert, wie einerseits die Abrüstung vorangetrieben, andererseits aber auch alternative Fertigungsweisen gestaltet werden könnten. Ein Arbeitsprogramm Rüstungskonversion wurde entwickelt, das die Betriebsratsvorsitzenden aus den wehrtechnischen Unternehmen einbezog. Außerdem stellte die IG Metall Mittel für überregionale Treffen der Arbeitskreise »Alternative Fertigung« bereit. Hervorgehoben wurde, dass die Vernichtung von Waffensystemen kostenintensiv sei und auch das Problem ökologischer Lösungen aufwarf. Arbeitstreffen des Gesprächskreises »Wehrtechnik und Arbeitsplätze« wurden mit kleinen Summen bezuschusst.[77] Die Böckler-Stiftung und die IG Metall befassten sich gemeinsam mit der Konversion von Militärelektronik in Verkehrstechnik.[78]

Erst 1994 stellte die Grundsatzabteilung fest, dass erstmals ein – allerdings sehr geringes – Wirtschaftswachstum im Osten bestünde. Allerdings lag die gesamtwirtschaftliche Produktion in der ehemaligen DDR noch immer ein Drittel unter dem Niveau von Ende 1989. Mit 19 % der Bevölkerung und 18 % der Erwerbstätigen wurden nur 8,8 % des gesamten Bruttoinlandsproduktes der Bundesrepublik erwirtschaftet. Im Osten handelte es sich nicht um einen selbsttragenden Aufschwung, sondern er wurde durch öffentliche Mittel, d.h. durch Transferleistungen finanziert.[79]

1993/94 verschlechterte sich die gesamtwirtschaftliche Situation auch im Westen weiter. Einige Entwicklungen lagen außerhalb der Einflussmöglichkeiten der deutschen Politik und gingen von den internationalen Währungsmärkten aus. 1992 hatten große Finanzspekulationen das britische Pfund aus dem EWS hinausgedrängt. 1994 zwang der Zusammenbruch des mexikanischen Pesos die USA zu massiven Rettungsaktionen. Im April 1995 wurden der Yen ab- und der Dollar aufgewertet.

Diese Aktionen trugen in den folgenden Jahren zur Entstehung einer Finanzblase in den USA bei. Aber auch innerdeutsche Entwicklungen zeigten negative Wirkungen. Das Bruttoinlandsprodukt (preisbereinigt) erreichte nach dem negativen Jahr 1993 (-1 %) 1994 zwar ein Wachstum von 2,5 %, doch dieses Quote sank weiter ab (1994 = 1,7 %; 1995 = 0,8 %; 1996 = 1,8 %).[80] Dieses (zu) geringe Wachstum wirkte sich mit einer gewissen Zeitverzögerung dramatisch auf den Arbeitsmarkt aus. 1995 betrug die offizielle Arbeitslosenquote 9,4 %, 1996 wuchs sie auf 10,4 % und stieg 1997 auf 11,4 % an, wobei die realen Zahlen höher gelegen haben dürften.[81]

In den folgenden Jahren sank diese Quote zwar geringfügig, blieb aber auf einem kontinuierlich hohen Niveau. Damit wurde die Arbeitslosigkeit, die sich – mit Ausnahmen – bis zum Jahr 2005 weiter erhöhte, zum größten sozialen Problem in Deutschland. Für die IG Metall wurde diese Krise der 1990er-Jahre zu einem prägenden Element. In der Metall- und Elektroindustrie wurden etwa 20 Prozent der Arbeitsplätze dauerhaft gestrichen, und die IG Metall verlor in ungefähr gleichem Umfang an Mitgliedern. Umfangreiche und kontroverse Debatten begannen, die mit einer gewissen Zeitverzögerung zum Einstieg in die Flexibilisierungspolitik oder zum Bündnis für Arbeit führten.

Der erste Vorschlag für das Bündnis für Arbeit bestand darin, dass die IG Metall in den nächsten drei Jahren Lohnabschlüsse in Höhe der Inflationsrate akzeptieren würde, wenn die Arbeitgeber zusätzlich 300.000 Stellen schaffen, 30.000 Langzeitarbeitslose einstellen und die Zahl der Ausbildungsplätze steigern würden. Mit kontinuierlich schärfer werdenden Worten forderte die Gewerkschaft eine Politik der aktiven Bekämpfung der Massenarbeitslosigkeit. Hierzu gehörte die Forderung nach öffentlich geförderter Beschäftigung: Ein Kurswechsel sei unausweichlich. Sozialer Sprengstoff müsse entschärft werden, und der einzige Ausweg sei wertschöpfende Arbeit. Beklagt wurde die Schwäche der SPD, die bei drei Landtagswahlen Stimmen verloren hatte. Die IG Metall stehe besser da als die Sozialdemokraten, gerade weil sie den Vorschlag des Bündnisses gemacht hätte, während die SPD diese Chance nicht genutzt habe.[82]

Permanent bekämpfte die IG Metall diejenigen Pläne der Regierung, die auf die Schaffung eines minderwertigen Beschäftigungssektors abzielten, in dem keine arbeits- und sozialrechtlichen Mindeststandards bestanden. Auf mehreren Ebenen wurden Strategien gegen die Entstehung eines Niedriglohnsektors entwickelt.[83] Auch wurde häufig darauf verwiesen, dass der Sozialabbau den sozialen Grundkonsens bedrohe. Es gehöre zu den wichtigsten Verpflichtungen der IG Metall, das soziale Fundament der Demokratie zu schützen und weiterzuentwickeln.[84] Allerdings wurde die Idee zu diesem »Bündnis« nicht konkret bzw. mit letzter Konsequenz gewerkschaftsübergreifend umgesetzt, obwohl die Medien ausführlich auf diese Diskussionen eingingen und positiv darüber berichteten.

Die Wiedervereinigung mit ihren zahlreichen Problemen stand zu Beginn der 1990er-Jahren eindeutig im Mittelpunkt des Interesses, aber gleichzeitig mussten einige, teilweise komplizierte Fragen gelöst werden, die sich mit der »alten« Bundesrepublik befassten. Die Gewerkschaften beklagten, dass die Standortdebatte der Arbeitgeber von falschen Voraussetzungen ausginge. Schon im September 1993 verfasste die Grundsatzabteilung hierzu einen umfassenden Text, der sich für eine Versachlichung dieser Diskussion aussprach. Beispielsweise wurde darauf hingewiesen, dass die Lohnstückkosten wirklich ansteigen würden. Dieses Phänomen sei aber nicht die Ursache, sondern die Folge des konjunkturellen Einbruchs und damit eine kurzfristige Erscheinung. Dieser Anstieg solle nicht durch sinkende Reallöhne, sondern durch steigende Arbeitsproduktivität gebremst werden. Die Rezession im Westen sei nicht kosten-, sondern nachfragebedingt.[85] Die komplizierte Frage des Erhalts von Standorten, bei der zahlreiche Faktoren eine Rolle spielten, wurde in der veröffentlichten Meinung häufig zu sehr auf die Senkung der Arbeits- und Lohnkosten und auf die Verlängerung der Arbeitszeiten reduziert.

1995 verbesserten sich zwar die wirtschaftlichen Rahmenbedingungen, aber eine beschäftigungspolitische Wende war nicht in Sicht – der Abbau von Arbeitsplätzen verlangsamte sich nur.[86] Erneut prallten in der Frage der Arbeitszeitverkürzung und der 35-Stunden-Woche nur schwer vereinbare Standpunkte aufeinander, weil das Arbeitgeberlager massive Kompensationen forderte. Angesichts der leicht verbesserten Konjunktur sah die IG Metall keinen Anlass, hier erneut nachzugeben. Ende Februar wurden deshalb in Bayern zunächst einige Betriebe bestreikt, da die Arbeitgeberseite kein verhandlungsfähiges Angebot vorgelegt hatte. Innerhalb des Arbeitgeberlagers brachen daraufhin Streitigkeiten aus, die schnell die Öffentlichkeit erreichten, weil die Mehrheit der Mittelständler Frieden in ihren Betrieben haben wollte und sich nur eine Minderheit für Aussperrungen aussprach. Auch hätte eine gezielte Aussperrung wahrscheinlich die gesamte Automobilbranche nachhaltig getroffen.

Entscheidend war aber letztlich, dass die großen Autofirmen wie BMW befürchteten, ganz in den Streik hineingezogen zu werden. Dieses Bemühen um Ausgleich trug dazu bei, dass die Gewerkschaft sich fast völlig durchsetzte. Neben einer moderaten Lohnerhöhung war bemerkenswert, dass die 35-Stunden-Woche nicht verschoben und dass der Tarifvertrag über vermögenswirksame Leistungen um fünf Jahre verlängert wurde.[87]

Auch in den folgenden Jahren war die Bekämpfung der Arbeitslosigkeit das wichtigste Thema, das die IG Metall an zentraler Stelle beschäftigte. Häufig wurde hervorgehoben, dass die offiziellen Statistiken die realen Entwicklungen nicht widerspiegelten, weil die Beschäftigungslücke auch in Westdeutschland, größtenteils bedingt durch die Rationalisierungen im industriellen Sektor, sehr viel höher läge. Im Jahresdurchschnitt 1996 seien in der gesamten Bundesrepublik zwar »nur« vier Millionen Arbeitslose registriert, das reale Arbeitsplatzdefizit betrage aber etwa sieben Millionen.[88]

Große Sorge bereitete der kontinuierliche Mitgliederschwund in den gesamten 1990er-Jahren. Dieser hatte mehrere Gründe: Die katastrophal steigende Arbeitslosigkeit im Osten führte dazu, dass viele einfache Mitglieder ihre Beiträge nicht mehr bezahlen konnten oder wollten. Seit Ende 1993 mussten innerhalb der IG Metall verschiedene Sparkonzepte und über ein Strukturkonzept zur Kostenreduzierung diskutiert werden, auch über einen Einstellungsstopp wurde nachgedacht.[89] Im ersten Halbjahr 1994 ging die Zahl der Mitglieder um weitere 120.000 zurück. Sollte dieser Trend nicht gestoppt werden, reichten – so der Vorstand – Sparmaßnahmen nicht mehr aus. Die IG Metall bemühte sich darum, den moderaten Stellenabbau so sozialverträglich wie möglich zu gestalten.[90]

Auch in den folgenden Jahren wurde durch zahlreiche Initiativen versucht, dem Mitgliederschwund entgegenzutreten. Eine Telefonumfrage im Juni 1996 bei ausgeschiedenen Mitgliedern erbrachte kein einheitliches Bild über die jeweiligen Motive.[91] Umfangreiche Werbekampagnen wurden entwickelt, die sich an spezielle Zielgruppen wie Auszubildende, Jugendliche unter 25 Jahren oder Handwerker richteten. Hinzu kamen ein umfassendes Bonussystem und spezielle

Werbeanreize.[92] Im Juni 1997 hatte sich die Situation zwar etwas entspannt, dennoch zeigte sich die IG Metall unzufrieden mit der Mitgliederstruktur. Zwar hatte sich die Zahl bei etwa 2.694.000 stabilisiert, aber nur 373.000 von ihnen kamen aus dem Osten. Ferner waren bundesweit 335.000 Mitglieder arbeitslos und 551.000 befanden sich in Rente oder im Vorruhestand.[93]

Das Ergebnis der Bundestagswahl 1998, bei der die SPD eine klare Mehrheit gewann und die Regierung Kohl abgewählt wurde, wurde in der IG Metall offen begrüßt. Zum ersten Mal wurde auf Bundesebene eine Koalition zwischen SPD und den Grünen möglich. Zwickel hob die gestaltende Rolle der Gewerkschaften für das Wahlergebnis hervor, die neue Perspektiven eröffnet hätte.[94]

In einer Stellungnahme zu den Koalitionsvereinbarungen warf die IG Metall der alten Bundesregierung vor, mehr die Gewerkschaften als die Arbeitslosigkeit bekämpft zu haben. Ein langer Katalog rückte Maßnahmen zur Schaffung neuer Arbeitsplätze an die vorderste Stelle: Alle nationalen und internationalen Handlungschancen sollten genutzt werden. Weitere zentrale Punkte waren unter anderem die Verringerung der Schulden, eine Kombination zwischen Angebots- und Nachfragepolitik, das Vorgehen gegen illegale Beschäftigung und Lohndumping, eine Reform des Betriebsverfassungsgesetzes, die Vollendung der deutschen Einheit, die ökologische Modernisierung und die Modernisierung des Sozialstaates. Der Blick in die Zukunft war eindeutig positiv, weil jetzt endlich der jahrzehntelange Reformstau aufgelöst werden könne. »Die Richtung stimmt, auch wenn einige der aufgezeigten Realisierungsschritte größer und auch mutiger hätten gesetzt werden können.«[95]

Das Fazit nach vier-Jahren Rot-Grün fiel dann allerdings – verglichen mit der fast euphorischen Stimmung von 1998 – deutlich verhaltener aus. Gemessen an der Regierung Kohl seien deutliche Verbesserungen erreicht worden, aber gemessen an den Erwartungen bestünde eine zwiespältige Bilanz. Allerdings hätte auch die Opposition an keinem Punkt Alternativen aufgezeigt. In einem Positionspapier, das vor der Bundestagswahl 2002 vorgelegt wurde, betonte die IG Metall, dass Arbeit und soziale Gerechtigkeit die Grundlage der Gesellschaft seien. Einmal mehr forderte sie die Bekämpfung der Arbeitslosigkeit, die Entwicklung des Sozialstaates, einen Ausbau der Bildungs-, Gleichstellungs- und Familienpolitik sowie die Gestaltung eines demokratischen und sozialen Europas. Strikt sprach sie sich gegen die neoliberale Gesellschafts- und Wirtschaftsideologie aus, die auf dem Vormarsch sei. Die Aufgabe der Politik bestünde darin, die Macht der Märkte zu begrenzen. Sie müsse ethische Verantwortung übernehmen, demokratische Kontrolle ausüben sowie soziale und ökologische Regeln setzen.[96]

Der Vorstand zeigte sich aber erfreut darüber, dass 21 Mitglieder der IG Metall bei der Bundestagswahl von 2002 als Abgeordnete gewählt worden waren.[97] Die Gewerkschaft bot Rot-Grün eine kritische Kooperation an, forderte aber eine Politik, die auf Vollbeschäftigung zielen solle. Hier unterbreitete sie umfangreiche und konkrete Vorschläge, die allerdings in eine ganz andere Richtung zielten, als die Regierung Schröder dann einschlug.[98] Schröder bemühte sich um die Gewerkschaften und war durchaus bereit, sich der Diskussion zu stellen. Gegen scharfe Kritik führte er aus, dass der Sozialstaat in seiner jetzigen Form nicht mehr bezahlbar sei.[99] Diese Auffassung wurde innerhalb der IG Metall nicht geteilt. Häufig verwies sie darauf, dass durch den rapiden technischen Fortschritt ganz neue Probleme entstanden seien, auf die sie nach Antworten suchte und die auch die Politik stark forderten. Hierzu gehörten die wachsende Scheinselbständigkeit und die schlecht bezahlte Leiharbeit. Auch waren die Gewerkschaften in den neuen IT-Branchen nur schwach vertreten, weil hier neue Arbeitsformen entstanden, die nur wenig mit den klassischen Metallbetrieben zu tun hatten.[100]

Auch die zunehmende soziale Ungleichheit zwischen Arm und Reich bereitete der IG Metall Sorgen. Kontinuierlich wurde in der Öffentlichkeit auf dieses wachsende Missverhältnis hingewiesen und ein politisches Gegensteuern gefordert. Beispielsweise wurde 1998 unter dem Titel »Deutschland liegt schief« umfassendes statistisches Material hierzu erarbeitet und innerhalb und außerhalb der Organisation verteilt.[101] Die Initiative *fair*teilen wurde zwischen 2000 und 2002 umgesetzt, auch um in einen Dialog mit anderen gesellschaftlichen Gruppen über Verteilung des Reichtums in Deutschland einzutreten. Wegen der sozialen Schieflage setzte die IG Metall auf eine verteilungspolitische Offensive. Ihr ging es nicht um vorschnelle Antworten, sondern darum, einen Problemhorizont zu öffnen. *Fair*teilen schloss ausdrücklich auch Nicht-Gewerkschaftler ein. Angesichts der sehr breiten Resonanz, die die Initiative sowohl unter den Mitgliedern, als auch in der Öffentlichkeit fand, zeigte sich die IG Metall zufrieden mit den Ergebnissen der Debatten.[102]

Die wenig befriedigenden ökonomischen Entwicklungen in den 1990er-Jahren trugen dazu bei, dass in der IG Metall die Idee einer Zukunftsdebatte reifte, für die es bereits 1988 Vorläufer gegeben hatte. Diese Debatte sollte sich ausdrücklich von einer reinen Diskussion um die Modernisierung unterscheiden, die Ende der 1990er-Jahre in der Publizistik breit geführt wurde. Die IG Metall ging hingegen davon aus, dass unterschiedliche Entwicklungsstränge häufig parallel zueinander verliefen. Obwohl nach wie vor sehr viele Arbeitnehmer in den so genannten »alten« Ökonomien tätig waren, geriet dieser Aspekt medial häufig aus dem Blick. Ferner war nicht zu übersehen, dass zentrale Säulen der bisherigen sozialen Sicherungssysteme instabil wurden. Diese Debatte, die so breit wie möglich geführt wurde, sollte die Attraktivität der Gewerkschaften verbessern und die Bereitschaft zur angeblich altmodischen Solidarität erhöhen. Auch diese Diskussionen sprachen sowohl Mitglieder als auch Nicht-Organisierte an, sowie alle Personen, die nach realistischen Alternativen zum Neoliberalismus suchten.

Begleitet von einem erheblichen Medienecho, wurde eine »tabulose Zukunftsdebatte« (Klaus Zwickel) im Frühjahr 2001 offiziell ins Leben gerufen. In der Frankfurter Rundschau wurde beispielsweise ein ganzseitiges Strategiepapier veröffentlicht. Kernstück war zunächst eine umfangreiche Befragung von Mitgliedern und Funktionären, um ein differenziertes Meinungsbild zu erhalten. Ergänzend wurden zahlreiche Workshops, Vortrags- und Diskussionsveranstaltungen durchgeführt, wissenschaftliche Studien und durchaus umstrittene Papiere zu den unterschiedlichsten Themen verfasst. Kontrovers wurde das umfangreiche IG-Metall-Zukunftsmanifest diskutiert, das den Titel »Offensive 2010, Optionen für eine bessere Zukunft« erhielt. Höhepunkt dieser Initiativen war der Zukunftskongress vom 13. bis zum 15. Juni 2002 in Leipzig. Das Presseecho zu diesem Kongress war klar positiv.

Zwar waren die unmittelbaren Ergebnisse dieser Zukunftsdebatte nach Meinung einiger Gewerkschaftler trotz vieler kritischer Beiträge nicht auf allen Feldern so ertragreich, wie zunächst erwartet worden war. Aus heutiger Perspektive stellte diese Debatte aber einen wichtigen Bestandteil eines langwierigen Prozesses dar, in dem sich die IG Metall langsam modernisierte und neu orientierte. Die Zukunftsdebatte gab viele direkte und indirekte Impulse für beteiligungsintensive Arbeitsformen. Sie stärkte die IG Metall nach außen und nach innen und verankerte gewerkschaftliche Positionen in der Öffentlichkeit. Auch trug sie nach Meinung der Vorstandsmitglieder erheblich dazu bei, die betriebs- und tarifpolitische Rolle der Gewerkschaften zu sichern und auszubauen sowie Entscheidungen zur Reform des Sozialstaates zu beeinflussen.[103]

2003 – der fehlgeschlagene Streik im Osten

Noch heute stellt der 2003 im Osten verlorene Streik unter vielen Funktionären, die daran beteiligt waren, ein fast traumatisches Ereignis dar. Es handelte sich um die erste Niederlage der IG Metall seit den 1950er-Jahren, als ein Streik in Bayern eindeutig verloren wurde. Alle folgenden Arbeitskämpfe hatten mit Kompromissen geendet, die für beide Tarifparteien tragfähig waren. Im Rückblick sind eine Reihe von Fehlern und Fehleinschätzungen deutlich zu erkennen – im Vorfeld sah dies 2002/03 anders aus. Aus gewerkschaftlicher Perspektive war es mehr als zehn Jahre nach der Wiedervereinigung nur schwer erträglich, dass in West- und Ostdeutschland weiterhin unterschiedliche Arbeitsbedingungen, Löhne und Gehälter und auch unterschiedliche Arbeitszeiten bestanden. Hier wollte die IG Metall ansetzen und die 35-Stunden-Woche erkämpfen. Allerdings wurde eine Reihe von Problemen, die während des Streiks auftraten, im Vorfeld entweder unterschätzt oder nicht erkannt.

Als entscheidend erwies sich von Anfang an, dass die mobilisierbare und dann tatsächlich mobilisierte Gewerkschaftsbasis im Osten nicht ausreichte. Die Durchsetzung einer Arbeitszeitverkürzung im Westen war zudem erst nach einer sehr langen, diskussionsreichen Periode erfolgt: Erstmals 1977 war dieses Ziel auf einem Gewerkschaftstag angepeilt worden. 1978 war die Arbeitszeitverkürzung auf 35 Stunden in der Stahlbranche dann durchgesetzt worden. Eine breite und lange Kampagne und viele Tarifverhandlungen später gelang es, für die Metall- und Elektroindustrie erst 1995 in Bayern die letzte Stufe tariflich zu vereinbaren. In einem langen und mühseligen Prozess musste zunächst die Mehrheit der Funktionäre und Mitglieder überzeugt werden und dann in sehr viel Kleinarbeit eine ähnliche Überzeugungsarbeit innerhalb der deutschen Öffentlichkeit geleistet werden. Dieser Prozess hatte viele Jahre gedauert, und diese Zeit hatte im Osten nicht zur Verfügung gestanden.

Die Führungsebene der IG Metall spürte aber seit dem Ende der 1990er-Jahre eine wachsende Verärgerung im Osten darüber, dass die Angleichung der Wochenarbeitszeit so lange auf sich warten ließ. Beschäftigte traten nicht nur aus der IG Metall aus, weil sie arbeitslos wurden, sondern manche auch, weil sie ihrer Gewerkschaft in dieser Frage unzureichendes Engagement vorwarfen. Zudem schien aus anderen Gründen Handlungsbedarf zu bestehen, »weil mit der kommenden EU-Osterweiterung und der Konkurrenzsituation zu den mittel- und osteuropäischen Ländern die Angleichung später als nicht mehr durchsetzungsfähig eingeschätzt wurde.« Die Streikbereitschaft für dieses Thema war allerdings begrenzt.

So wurde in mehreren Ost-Tarifgebieten nur eine geringe Mobilisierungsfähigkeit festgestellt. Im Rückblick stellte die IG Metall ferner fest, dass sich durch die Landtagswahlen, die Anfang 2003 von der SPD verloren worden waren, das öffentliche Stimmungsbild unerwartet »in dramatischer Weise« gegen die Gewerkschaften gewandt hatte.[104] Auch bestanden bereits im Vorfeld einige Unstimmigkeiten unter den Geschäftsführenden Vorstandsmitgliedern, etwa in der Frage, ob die Arbeitszeitbestimmungen Ost in gekündigtem oder in ungekündigtem Zustand verhandelt werden sollten.[105]

Einige Betriebsräte und Funktionäre im Osten äußerten schon im Vorfeld Zweifel, ob das Ziel einer Arbeitszeitverkürzung durch einen Streik erreichbar sei.[106] Vielen Arbeitnehmerinnen und Arbeitnehmern war ihr Arbeitsplatz wichtiger als die Arbeitszeit, manche wären sogar bereit gewesen, zur Sicherung ihres Arbeitsplatzes noch länger zu arbeiten. Außerdem hatten die Belegschaften im Osten, auch wenn sie gut organisiert waren und über einsatzbereite Funktionäre verfügten, nur wenig Streikerfahrung; diese reichte – wie sich dann zeigen sollte – nicht aus, um einen derart verwickelten und komplizierten Konflikt durchzustehen. Da der Streik von 1993 aber erfolgreich gewesen war, wurden 2003 die Schwierigkeiten im Vorfeld unterschätzt. Die IG Metall rechnete mit starken Widerständen aus den Reihen der Arbeitgeber und auch aus Teilen der Politik. Sie setzte aber darauf, dass die zweitklassige Behandlung der Bevölkerung im Osten aufhören müsse und dass dieses Ziel auch in der Öffentlichkeit vermittelbar sei.[107]

Einige Warnstreiks verliefen erfolgversprechend.

Für die Beschäftigten in der ostdeutschen Stahlindustrie konnte die 35-Stunden-Woche durchgesetzt werden. Bei den Urabstimmungen in Sachsen und Brandenburg lag die Zustimmung bei etwa 80 Prozent bei jeweils hoher Wahlbeteiligung; das war ein eindeutiges Signal. Und Mitte Juni wurde in der ostdeutschen Stahlindustrie ein Stufenplan abgeschlossen, der bis 2009 die Einführung der 35-Stunden-Woche bringen sollte.[108]

Der Streik in der Metallindustrie in Sachsen begann am 1./2. Juni 2003. Der Streik sollte räumlich zunächst auf wenige Betriebe begrenzt und – um Fernwirkungen auszuschließen – mit einer flexiblen Streiktaktik (Flexi-Streik) geführt werden, um die Schwelle für Aussperrungen zu erhöhen. Das Konzept sah ferner vor, ausgewählte Unternehmen nicht gänzlich zu bestreiken, sondern zunächst nur einzelne produktionswichtige Abteilungen in einen befristeten Ausstand zu rufen.[109]

Anders als bei Streiks, bei denen es um höheren Lohn oder um Sonderzahlungen ging, stellten weitere Arbeitszeitverkürzungen für die Arbeitgeber im Osten ein Feld dar, auf dem sie zu keinen Kompromissen bereit waren. Ferner verliefen oder verlaufen Tarifkonflikte, bei denen es um Geld geht, häufig nach gewissen ritualisierten Formen, die die gegnerischen Parteien bis zu einem gewissen Grad berechnen können. Häufig kennen sich die Kontrahenten gut und können einschätzen, was Verhandlungstaktik ist und wo grundsätzliche Fragen berührt werden.

Auf diese Weise lassen sich oft nach einiger Zeit diejenigen Zonen ausloten, in denen Kompromisse möglich sein könnten. Auf derartige etablierte Formen von Verhandlungen konnten aber weder die IG Metall im Osten noch das Arbeitgeberlager zurückgreifen, d.h. die Gewerkschaft musste bereit und in der Lage sein, den Konflikt frontal und mit einem hohen Eskalationspotenzial zu führen. Diese Strategie wiederum wäre nur dann umsetzbar gewesen, wenn die Beteiligung an diesem Streik sehr hoch gewesen wäre. Aber auch die andere Seite stand vor ähnlichen Problemen: Bei den Arbeitgebern im Osten bestanden keine Erfahrungen, wie man mit einem Streik umgehen sollte und wie Möglichkeiten für Kompromisse ausgelotet werden konnten. In vielen Regionen war auch der Organisationsgrad im Arbeitgeberlager gering.

Zudem stellte sich nach Streikbeginn zumindest in der Sicht vieler Funktionäre schnell heraus, dass – anders als 1993 – ein Arbeitskampf, der auf den Osten beschränkt blieb, nicht gewonnen werden konnte. Er hätte zumindest teilweise – so die Auffassung von Funktionären aus den neuen Bundesländern – deshalb auf den Westen übertragen werden müssen. Dann hätten gute Aussichten bestanden, den Streik erfolgreich zu führen. Allerdings fehlten die entsprechenden Vorbereitungen. Im Vorfeld gab es keine konkreten Planungen – abgesehen von Überlegungen, wie auf kalte Aussperrungen reagiert werden sollte. Die Mitglieder im Westen waren zu Solidaritätsaktionen bereit, eine Ad-hoc-Mobilisierung ließ sich aber nicht erzwingen. Darüber hinaus verschlechterte sich während des Streiks die gesamte ökonomische Situation in der Bundesrepublik. Die Gründe hierfür hatten nichts mit dem Arbeitskampf zu tun, aber die Arbeitgeberseite erhielt mühelos argumentatives Material, das – wenig überraschend – maximal in der Öffentlichkeit und in den Medien genutzt wurde.

Die Metall-Arbeitgeber in Sachsen waren bereit, einen langfristigen Streik anzunehmen und griffen von Anfang an zu scharfen Gegenmaßnahmen. Vor Ort wurde deshalb das flexible Konzept der Wechselstreiks schnell in Frage gestellt. Einige betriebliche und örtliche Streikleitungen gingen – teilweise auf eigene Faust – zu einem unbefristeten Ausstand über. Darüber hinaus traten wider Erwarten einige Fernwirkungen auf westliche Unternehmen auf. Während der letzten Streikwoche wurde intern in der IG Metall im Westen das offenbar unzureichende Streikkonzept in Frage gestellt. Diese Kritik wurde schnell in der veröffentlichten Meinung und in den Medien bekannt, die über die angeblich mangelnde Solidarität im Westen berichteten. Verhandlungen mit der Arbeitgeberseite erbrachten keine Perspektiven für Kompromisse.[110] Zahlreiche kleine Beispiele zeigen auch, dass das gewählte flexible Streikkonzept in der Praxis zu anspruchsvoll war und dass die Kommunikation zwischen Streikleitung und Basis häufig nicht funktionierte.[111]

Nach vier Wochen wurde der Streik abgebrochen. Bis heute besteht innerhalb der IG Metall eine (Minderheits-) Meinung, dass ein Erfolg möglich gewesen wäre und dass der Abbruch ein Fehler gewesen sei, weil man kurz vor einem Erfolg gestanden habe.[112] Diese Meinung soll hier – in guter demokratischer Tradition – nicht verschwiegen werden, aber der Autor dieser kleinen Studie schließt sich dieser Auffassung nicht an. Ein Erfolg wäre nur bei einer schnellen Ausdehnung in den Westen möglich gewesen, und hier fehlte die Mobilisierbarkeit der Basis.

Allerdings wurden während des Streiks neun Haustarifverträge geschlossen, fünf davon mit Firmen, die aus dem Verband ausgetreten waren. Das war ein zweischneidiges Schwert: Die IG Metall konnte sich dem Abschluss dieser Verträge nicht entziehen; schließlich wurde ihrer Forderung nach Arbeitszeitverkürzung nachgegeben. Gleichzeitig fehlten die Betriebe im Streik und die IG Metall schwächte damit ihre eigene Streikbasis.[113]

Auf den fehlgeschlagenen Streik folgten innerhalb der IG Metall zahlreiche scharfe Auseinandersetzungen. Lehren mussten schnell gezogen werden, doch war keineswegs klar, in welche Richtung diese gehen sollten. Der Abbruch des Streiks wurde als »eine bedrückende Niederlage« eingestuft. Freimütig wurde eingestanden, die Situation im Osten und im Westen falsch eingeschätzt zu haben. Ferner war nicht absehbar, »dass sich während des Arbeitskampfes auf Seiten der Arbeitgeber derjenige Flügel durchsetzen würde, der nicht an einer tarifpolitischen Lösung, sondern an einer politischen Machtprobe mit der IG Metall interessiert war.« Bei Gesamtmetall hätten sich schnell die »Hardliner« durchgesetzt, die den Streik für eine Schwächung der gesamten IG Metall nutzen wollten. Ferner hatte sich die Politik massiv eingemischt. Sogar Vertreter der rot-grünen Bundesregierung hatten den Streik als unvernünftig bezeichnet. Diejenigen Machtressourcen, die in den ostdeutschen Tarifgebieten mobilisierungsfähig waren, waren zu gering gewesen, da irgendwann keine weiteren Eskalationsmöglichkeiten mehr bestanden. Als die ersten Fernwirkungen im Westen auftraten, wurde deutlich, dass auch hier die Basis für Reaktionen zu gering war. Für die IG Metall bestand die erste und vielleicht wichtigste Lehre darin, dass nun eine Ost-West-Spaltung der Organisation unbedingt vermieden werden müsse.[114]

Direkt nach dem Abbruch des Streiks fielen in der Führung der IG Metall harte Worte. Klaus Zwickel trat vorzeitig zurück. Auch wurde in der Presse schon bald von einem Machtkampf bzw. von einer Auseinandersetzung zwischen zwei Lagern in der Führung gesprochen. Auf Zwickel folgte Jürgen Peters, der die IG Metall dann bis 2007 leiten sollte. Intern wurde eine offene und selbstkritische Diskussion gefordert, um in Zukunft diejenigen Fehler, die unzweifelhaft gemacht worden waren, zu vermeiden. Der bereits vorbereitete Gewerkschaftstag von 2003 wurde zweigeteilt. Hier wurden ebenfalls gegenseitige Vorwürfe laut, wer für die Niederlage verantwortlich gewesen sei, und über 100 Delegierte meldeten sich in der Debatte zu Wort.

Das oberste Ziel musste vor diesem Hintergrund darin bestehen, die Gewerkschaftseinheit zu erhalten, weil weitreichende Entscheidungen anstanden. Das Mitgliedermagazin »metallzeitung« kommentierte lakonisch: »In einem Punkt waren sich die 598 Delegierten aber einig: Öffentliche Schlammschlachten, wie sie in den Wochen vor dem Gewerkschaftstag geführt wurden, dürfe es nicht mehr geben.«[115]

Die Niederlage hatte einige Folgen, die kurzfristig negativ für die IG Metall waren, langfristig aber einige positive Folgen nach sich ziehen sollten. Auf der negativen Seite stand eindeutig, dass die Gewerkschaft einen erheblichen Imageverlust hinnehmen musste. Große Streiks in der Metallindustrie waren bisher in der Bundesrepublik selten gewesen, und allein die glaubwürdige Drohung mit einem derartigen Konflikt hatte in Tarifverhandlungen häufig den entscheidenden Ausschlag zugunsten der IG Metall gegeben. Nun aber war der Nimbus der durchsetzungs- und kampffähigen größten deutschen Gewerkschaft beschädigt. Sowohl im Osten als auch im Westen folgten Austrittswellen, die sich erst nach einiger Zeit wieder in den Griff bekommen ließen.

Auf der positiven Seite stand jedoch, dass in sehr offenen, häufig stark kontroversen Diskussionen, bei denen auch unangenehme Fragen gestellt wurden, ein manchmal schwieriger, aber letztlich konstruktiver Klärungsprozess begann. Dieser bezog sich nicht nur auf den verlorenen Streik, sondern auch auf viele grundsätzliche Aspekte. Nach den ersten Wochen, in denen viel gestritten worden war, wurden diese Debatten in nachdenklicher Weise geführt. Die häufig geäußerten Forderungen nach einem Neuanfang wurden umgesetzt, auch wenn viele der folgenden Kontroversen für einige der Betroffenen durchaus schmerzhaft gewesen sein dürften.

Jahre der vorsichtigen Reformen

Seit 1994 wurde innerhalb der IG Metall intensiv darüber diskutiert, wie in einzelnen Branchen eine höhere Tarifgerechtigkeit erzielt werden könnte. Anfänge dieser Debatten gingen noch auf die 1970er-Jahre zurück. Dahinter stand die Beobachtung, dass häufig bei gleichen Qualifikationen und vergleichbaren Arbeitsbedingungen ungleiche Vergütungen bestanden. Vor allem die Trennung in Arbeiter und Angestellte, die zum Teil noch auf das 19. Jahrhundert zurückging, war nicht mehr zeitgemäß und sollte überwunden werden. Darüber hinaus waren die Geschlechter keineswegs gleichgestellt, sondern Frauen wurden bei gleicher Leistung häufig deutlich schlechter als Männer bezahlt. Die IG Metall strebte deshalb eine grundsätzliche Auseinandersetzung um die Frage des Verhältnisses von Löhnen und Leistung an. Anfang 1996 begannen Verhandlungen um diese Fragen, und seit Anfang 2000 intensivierten sich die Gespräche mit den Arbeitgebern um ein Entgeltrahmenabkommen (ERA).

Auch wenn es sich bei ERA um eine spröde und unübersichtliche Materie handelt, die nur wenig öffentliche Aufmerksamkeit auf sich gezogen hat, handelte es sich doch um einen wichtigen Reformschritt in einer Schlüsselbranche der deutschen Wirtschaft. ERA hatte ursprünglich mehrere brisante Dimensionen.

Erstens handelte es sich um eine verteilungspolitische Dimension, bei der die Binnendifferenzierung innerhalb der Arbeitnehmerschaft im Vordergrund stand. Zweitens bestand eine arbeitsmarkt- und industriepolitische Dimension mit der Frage, welche Qualifikationsprofile vor allem in der Facharbeit bestehen sollten. Drittens sollte ERA arbeitspolitische Impulse setzen, weil sich – auch aus der Sicht der Arbeitgeber – die Klassifizierung in »Arbeiter« und »Angestellte« zunehmend als investitionshemmend erwies. Viertens bestand eine tarifpolitische Dimension, weil die Tarifbindungen sanken. Auch die Arbeitgeber waren daran interessiert, mit dem Flächentarifvertrag eine verlässliche Grundlage für die betriebliche Entgeltdifferenzierung zur Verfügung zu haben.[116]

2003/04 wurde ERA in Baden-Württemberg zu Ende verhandelt. Dabei stand das grundsätzliche Problem einer höheren Tarifgerechtigkeit gar nicht in Frage. Es ging vielmehr darum, wie genau dieses Ziel erreicht werden konnte. Regionale und branchenspezifische Besonderheiten mussten genauso berücksichtigt werden wie die Probleme der Qualifikation. Vereinbart wurde beispielsweise für Fachkräfte ein Punktebewertungssystem, in das sehr viele unterschiedliche Kriterien einflossen.

Aus der Rückschau ist ERA klar positiv zu beurteilen, auch wenn der Abschluss innerhalb der IG Metall zunächst auf erhebliche Kritik stieß. Erstens wurde ein archaisches und nicht mehr zeitgemäßes Klassifizierungssystem aufgegeben bzw. grundlegend modernisiert. Zweitens wurden die langen und komplizierten Verhandlungen von sehr vielen gewerkschaftlichen Veranstaltungen flankiert. Beispielsweise trugen intensive Schulungen, Weiterbildungen und Diskussionen dazu bei, dass Betriebsräte und Belegschaften erhebliche tarifpolitische Kompetenzen erwarben, die sie ansonsten nicht gehabt hätten. Hierdurch wurden detaillierte Kenntnisse vermittelt, die mittel- und langfristig den gesamten Belegschaften zugutekamen.

Drittens war ERA im Rückblick ein tarifpolitischer Meilenstein, weil ein erheblicher Beitrag zur Absicherung von Tarifverträgen geleistet wurde. Viele Entgelte, die vorher umstritten oder unklar waren, sind in Tarifentgelte umgewandelt worden, und ein Prozess von Gehaltsanpassungen, der ohnehin – dann allerdings unkontrolliert – abgelaufen wäre, ist durch ERA in eine geordnete Bahn gelenkt worden. Auch hat ERA viertens die schleichende Erosion der Tarifverträge weitgehend gestoppt, so dass auch aus Sicht der IG Metall trotz aller Kritik im Einzelnen hierzu keine Alternative bestand. Allerdings war ERA anfangs bei vielen Betriebsräten und Belegschaften unbeliebt, weil es auch Gruppen von »Verlierern« gab, die ohne diese Verträge höhere Einkommenszuwächse erzielt hätten. Die Arbeitgeberseite hob vor diesem Hintergrund die hohe Kompromissbereitschaft der IG Metall ausdrücklich hervor. Auch die Arbeitgeber hatten während der Verhandlungen ein großes Interesse an einem Abschluss gezeigt, weil sie verlässliche Einstufungen und Planungssicherheit haben wollten.

Für die Geschichte der deutschen Gewerkschaftsbewegung stellte ferner das Abkommen von Pforzheim, das am 12. Februar 2004 zwischen der IG Metall Baden-Württemberg und Südwestmetall unterzeichnet wurde, je nach zeitgenössischer Bewertung entweder einen Meilenstein oder einen Tabubruch dar. Offiziell lautete der Titel des Vertrages: »Vereinbarung zur Sicherung von Arbeitsplätzen, Innovation und Wettbewerbsfähigkeit«. Dieses Abkommen ist Bestandteil des Tarifvertrags zur Beschäftigungssicherung. »Pforzheim« hat eine lang zurückreichende und komplexe Vorgeschichte, die sich auf zwei wesentliche Entwicklungsstränge reduzieren lässt.

Erstens hatten innerhalb der IG Metall schon in den 1990er-Jahren Überlegungen begonnen, Flächentarifverträge flexibler als zuvor zu gestalten. Dahinter stand die Erkenntnis, dass selbst innerhalb einer Branche häufig die Schere zwischen Betrieben, denen es glänzend ging, und anderen, die um ihre Existenz kämpfen mussten, zunehmend größer wurde. Allerdings waren Öffnungsklauseln zu diesem Zeitpunkt nicht mehrheitsfähig. Zweitens aber wuchs der äußere Druck auf die Gewerkschaften massiv an. Nicht nur im Arbeitgeberlager, sondern auch zunehmend in politischen Gruppierungen, in der Presse und nicht zuletzt in der rot-grünen Bundesregierung wuchsen die Forderungen nach einer Flexibilisierung des Arbeitsmarktes.[117] Zwar versuchte die IG Metall an ihrer klassischen Position festzuhalten, doch geriet sie damit in eine unangenehme Defensivposition, die immer schwieriger durchzuhalten war. Vor allem wurde auch gesehen, dass die Regierung Schröder zunehmend neoliberale Positionen übernahm, die den Vorstellungen der IG Metall widersprachen.

Ende des Jahres 2004 bestanden 2.328 Flächentarifverträge im Bereich der IG Metall. Allein in diesem Jahr waren 333 davon neu abgeschlossen worden, hinzu kamen 383 abweichende Tarifregelungen für einzelbetriebliche Abschlüsse in der Metall- und Elektroindustrie. In den vorhergehenden Jahren war die Zahl der abweichenden Tarifregelungen langsam aber stetig angestiegen.[118] Auch bestand eine unbekannte, aber offenbar zunehmende Zahl von Haustarifverträgen oder von analogen Abkommen, die in einzelnen Firmen vereinbart worden waren, und deren Existenz und Inhalt der Vorstandsverwaltung nicht bekannt war. Letztlich konnte die IG Metall nicht hinnehmen, dass eine zunehmende Zahl von Vereinbarungen quasi unter dem Tisch gemacht wurde.

Allerdings war »Pforzheim« anfangs in der Gewerkschaft stark umstritten: Der ehemalige Vorsitzende Jürgen Peters bekennt, dass er bei diesem Abkommen »Bauchschmerzen« gehabt habe.[119] Der Vorwurf bestand darin, dass das Prinzip der Flächentarifverträge aufgegeben würde. Allerdings reagierte das Abkommen auf die unübersehbare Entwicklung, dass – teilweise bedingt durch die Globalisierung – die klassischen langen Konjunkturzyklen zur Ausnahme geworden waren. Viel stärker und in weit kürzeren Abständen konnten extreme Konjunkturschwankungen auftreten. Das Abkommen ermöglichte sowohl Belegschaften als auch

Unternehmen, die in eine Krise geraten waren, ein viel flexibleres Vorgehen als zuvor.

Wichtigster Bestandteil des Abkommens von Pforzheim stellte die Öffnungsklausel dar. Diese erlaubte es Unternehmen, in klar definierten Fällen von Tarifverträgen abzuweichen, wenn nur auf diese Weise Arbeitsplätze erhalten oder neu geschaffen werden konnten. Entscheidend war aber, dass diese Abweichungen nur mit der Zustimmung der jeweiligen Belegschaften beschlossen werden konnten. In der Regel mussten und müssen zunächst die Tarifparteien mit Betriebsrat und Geschäftsleitung die jeweilige ökonomische Lage der Firma überprüfen. Da Vertreter der Gewerkschaft die Bücher des betroffenen Unternehmens einsehen, ist ein willkürliches Vorgehen der jeweiligen Firmenleitung unwahrscheinlich.

Für die Arbeitgeberseite verhandelt dann in der Regel ein Vertreter des jeweiligen regionalen Arbeitgeberverbandes, für die IG Metall die zuständige Verwaltungsstelle. Der Arbeitgeber muss glaubhaft nachweisen, dass die Abweichung für das Überleben oder die weitere Expansion der Firma notwendig ist, und die Abweichungen dürfen nur für eine klar definierte zeitliche Frist gelten. Da die jeweiligen Mitglieder der Belegschaft an den Entscheidungen beteiligt werden, ist die unkontrollierte Handhabung der Öffnungsklausel unwahrscheinlich.

Zudem reagierte die IG Metall mit diesem Abkommen auf den Wunsch nach einer weiteren Demokratisierung von Tarifentscheidungen. Da Belegschaften jetzt ein viel größeres Mitspracherecht als zuvor hatten, wurde zwar der Einfluss der Frankfurter Vorstandsverwaltung schwächer als zuvor, zugleich aber wurde mehr Verantwortung nach »unten« auf die Belegschaften und auf die Betriebsräte delegiert. Diese Maßnahme zahlte sich für die gesamte Organisation aus. Auch infolge des Abkommens wurde der Mitgliederschwund langsam gestoppt, und im Frühjahr 2008 überstieg die Zahl der neu beigetretenen Metaller seit vielen Jahren zum ersten Mal die Zahl der ausscheidenden: Die Mitgliederzahlen entwickelten sich positiv. Viele Gewerkschaftler definierten sich nicht mehr als Teil einer Organisation, die manchmal als anonym oder als unpersönlich empfunden wurde, sondern sie trafen direkt vor Ort weitreichende Entscheidungen und durften deutlich mehr Verantwortung als zuvor für die Gestaltung des eigenen Arbeitsplatzes, der Arbeitszeiten und der Arbeitsbedingungen übernehmen.

Hieraus ergab sich ein weiterer positiver Effekt für die IG Metall und für die deutschen Gewerkschaften insgesamt. Eben weil die IG Metall für viele Beschäftigte langsam wieder attraktiver als zuvor wurde, stabilisierten sich auch die Tarifbindungen. Je größer die Zahl der organisierten Arbeitnehmer war, desto glaubwürdiger und entschiedener konnte die Führung der IG Metall Tarifverhandlungen angehen. Zwar wurde bereits 2006 nach wie vor kontrovers um das Pforzheimer Abkommen diskutiert, doch eine erste Zwischenbilanz war positiv. Vor allem wurden so genannte betriebliche Bündnisse ohne die Beteiligung der IG Metall verhindert. Als hilfreich wurden auch verbindliche Regelungen für tarifliche Abweichungen angesehen, die im Sommer 2005 zusätzlich beschlossen wurden und die die Regelungsqualität definitiv steigerten. Pforzheim trage – so die Einschätzung – zur befristeten Sicherung von Beschäftigung und Standorten bei, aber Tarifpolitik allein könne nicht alle Probleme lösen, die letztlich politisch flankiert werden müssten.[120] Im Februar 2014, anlässlich des zehnjährigen Bestehens des Pforzheimer Abkommens, zog IG Metall Vorsitzender Detlef Wetzel ein eindeutig positives Fazit: »Die Belegschaft macht ohne konkrete Aussichten auf Wachstum und Investitionen keinerlei Einschränkungen mit. Und an der Entscheidung werden die Mitglieder beteiligt. Nur mit deren ausdrücklicher Zustimmung gibt es Abweichungen.«[121]

Dieses Abkommen wurde vor dem Hintergrund eines weitgehenden technologischen Wandels nach der Jahrtausendwende geschlossen. Sichtbar war dieser Umbruch in der Automobilbranche und in ihren Zuliefererbetrieben. Die Gewerkschaft war daran interessiert, in dieser Umstrukturierung so viele Arbeitsplätze wie möglich zu erhalten und diese möglichst langfristig auch in Verträgen festzuschreiben. Auch von Seiten der Arbeitgeber bestand ein Interesse daran, die komplizierten technischen Herausforderungen, die nur langfristig angegangen werden konnten, möglichst konfliktfrei durchzuführen. Deshalb wurden – ausgehend von VW – mehrere langfristige Verträge abgeschlossen. Eine Reihe von innovativen neuen Konzepten wurde zum Vorteil beider Seiten erprobt, und die Regelungen haben sich größtenteils bewährt. Der Vorstand von VW sagte im November 2004 zu, Arbeitsplätze bis 2011 zu sichern, und erklärte grundsätzlich, in diesem Zeitraum auf betriebsbedingte Kündigungen zu verzichten. Die 35-Stunden-Woche wurde wieder festgeschrieben, für einige genau definierte Abteilungen wurden Ausnahmen zugestanden. Hinzu kamen flexible Löhne, und das System der Arbeitszeitkonten erlaubte, auf Schwankungen in der Auftragslage schnell zu reagieren. Dieses Abkommen wurde durch zahlreiche kleine Regelungen ergänzt. In modifizierter Form wurde es in der gesamten bundesdeutschen Autoindustrie übernommen.[122] Ende August wurde beispielsweise das Verhandlungsergebnis »Zukunftssicherung« bei Daimler-Chrysler verkündet, durch das etwa 160.000 Arbeitsplätze bis Ende 2011 gesichert wurden. Aktuell bedrohte Standorte wurden nicht geschlossen, und auch dieses Unternehmen verzichtete auf betriebsbedingte Kündigungen. Dafür wurde ein Arbeitszeitkorridor bis zur 40-Stunden-Woche in genau bestimmten Abteilungen zugelassen und Regelungen zur Leiharbeit getroffen. Betont wurde auch, dass damit kein Eingriff in bestehende Tarifverträge stattgefunden habe.[123]

Zugleich rückte ein anderes Thema mehr und mehr in den Fokus der IG Metall. Auf vehemente gewerkschaftliche Kritik stießen die Pläne der Bundesregierung für die Agenda 2010. Viele Gewerkschaftler hielten diese für eine scharfe Zäsur in der deutschen Sozialgeschichte. Allerdings herrschte Pessimismus vor, ob diese Pläne verhindert werden könnten.[124] Bundeskanzler Schröder griff beispielsweise auf einer Regionalkonferenz der SPD die Gewerkschaften offen an, und selbst gewerkschaftsnahe Politiker in der SPD schwenkten auf den Schröder-Kurs um. Auch deshalb war die Verunsicherung in den Reihen der IG Metall hoch. Einige Mitglieder vertraten sogar die Meinung, dass die Gewerkschaften die Auseinandersetzung um den Sozialstaat verloren hätten. Eine mehrjährige Kampagne sei nun notwendig.[125]

Diese aufwendige Kampagne zum Thema Arbeitnehmerbegehren wurde im Sommer 2004 begonnen und mehrere Jahre lang fortgeführt.[126] Hier wurden zentrale Themen, die den Sozialstaat betrafen, in die öffentliche Diskussion eingebracht. Themen waren der Umschwung vom Sozialstaats- zum Aktionärskapitalismus, der wachsende Erpressungsdruck auf Arbeitsplätze und Tarifstandards sowie der massive Sozialabbau. Da sich die Gewerkschaften in der Defensive befanden, wurden Forderungen nach einem Kurswechsel mit Konzepten und Aktivitäten für solidarische Reformalternativen gestellt.[127] Am 25. November 2004 wurde Bundestagspräsident Wolfgang Thierse eine Liste mit einer Dreiviertelmillion Unterschriften übergeben. Mit Blick auf die kommende Bundestagswahl wurde die Aktion als politische Kampagne weitergeführt.[128] Als sich Anfang 2005 die Arbeitsmarktkrise verschärfte, sah die IG Metall die konkrete Gefahr, dass im Zuge der neoliberalen Glaubenssätze die Tarifautonomie zunehmend ausgehöhlt bzw. durchlöchert werden würde.[129]

In Folge der vorzeitigen Auflösung des Bundestages fand die vorgezogene Bundestagswahl bereits am 18. September 2005 statt. Bundeskanzler Schröder wollte – so die Einschätzung – nach der Niederlage bei den Landtagswahlen in Nordrhein-Westfalen einen kurzen Richtungswahlkampf um die Agenda 2010 führen. Diese war aber aus Sicht der IG Metall gescheitert. Allerdings wurden auch die Ideen der anderen Parteien als unbefriedigend empfunden. Deshalb versuchte die IG Metall, konstruktive Alternativen in den Wahlkampf einzubringen, um Profil und Glaubwürdigkeit zu gewinnen.[130] Die Gewerkschaften sahen in einer möglichen schwarz-gelben Regierung eine »Horrorvorstellung«. Rot-Grün habe die Erwartungen nicht erfüllt, während die Politik der Linkspartei den Praxistest erst noch bestehen müsse. Bei einer Regierungsbeteiligung der FDP sei aber ein radikaler Systembruch in den sozialen Sicherungssystemen zu erwarten, auch die Vorschläge der Union für das Steuersystem würden die sozialen Spaltungen vertiefen.[131]

Vor diesem Hintergrund wurde das Ergebnis der Bundestagswahl, die zu einer Großen Koalition führte, mit einiger Erleichterung aufgenommen, weil das neoliberale Projekt nicht zum Zuge gekommen war. Das Wahlergebnis zeige, dass die Mehrheit in Deutschland für ein gerechteres Steuer- und Gesundheitssystem sei und für Arbeitnehmer- und Gewerkschaftsrechte eintrete. Die IG Metall müsse für solidarische Reformalternativen werben und vor allem gesellschaftliche Alternativen zum Neoliberalismus aufzeigen. Zwar sei der Frontalangriff auf die Gewerkschaften erst einmal gestoppt worden, aber in den kleinmütigen Koalitionsvereinbarungen sei keine Spur von Aufbruchsstimmung oder von einem Politikwechsel erkennbar. Es werde kaum Impulse für neue Arbeitsplätze geben, auch sei eine Konsolidierung der öffentlichen Haushalte unwahrscheinlich.[132]

2008 und die Folgen der Lehman-Krise

Zwar zeichneten sich bereits vor 2008 sehr gefährliche Verwerfungen auf den internationalen Finanzmärkten ab, doch wurden diese in der IG Metall nur am Rande wahrgenommen. Sie stand damit nicht allein: Schon 2001 warnte der Historiker Harold James, der in den USA an der renommierten Princeton University tätig ist, vor den Gefahren der Globalisierung. Am Beispiel der großen Depression der 1930er-Jahre zeigte er, dass der Prozess der Globalisierung auch ohne äußere Einwirkungen und ohne gravierende Fehler der Akteure selbstzerstörerische Folgen nach sich ziehen kann. Allerdings stieß diese Meinung in großen Teilen der Fachwelt auf erhebliche Skepsis.[133] Rezensenten vermerkten, dass James zwar ein innovativer Autor sei, der in der Vergangenheit hervorragende Arbeit geleistet habe, dass er hier aber offensichtlich zu einer verfehlten Einschätzung gekommen sei: Weitere Globalisierung und vor allem finanzielle De-Regulierung sei das Gebot der

Stunde. Bemerkenswert an diesem Buch ist aber aus heutiger Perspektive, dass es von einem Professor verfasst worden ist, den niemand als unternehmer- oder als kapitalismusfeindlich einstufen würde und der bis dahin eher als »liberal« galt. Heute ist klar, dass die Auffassung von Harold James korrekt war: Auch ohne »Heuschrecken« und ohne quasi-kriminelle Machenschaften anonymer Finanzgesellschaften birgt ein völlig ungeregelter globaler Kapitalismus enorme, nicht kontrollierbare Risiken, die bis zur Selbstzerstörung reichen können.

Im Mittelpunkt der Debatten in der IG Metall standen Anfang 2008 nicht die Frage der Finanzmärkte, sondern andere Themen. Im Januar bzw. Februar fanden Wahlen in Hessen und in Niedersachsen statt, und Berthold Huber kam zu dem Schluss, dass man nun endgültig mit einem Fünfparteiensystem rechnen müsse. Positiv sei, dass die Mobilisierung ausländerfeindlicher Ressentiments nicht funktioniert habe. Typische Gewerkschaftsthemen wie gute Bildung, Mindestlöhne und prekäre Beschäftigung hätten im Wahlkampf eine große Rolle gespielt. In Deutschland gäbe es keine linke Mehrheit, sehr wohl aber eine Mehrheit für demokratische und soziale Politik. Huber unterstrich, dass sich die IG Metall aus parteipolitischen Differenzen heraushalten, aber jederzeit bereit sein solle, mit allen demokratischen Parteien zu sprechen.[134]

Zudem bereitete sich die Gewerkschaftsführung seit dem Spätsommer 2008 auf die nächste Tarifrunde vor und hoffte, deutliche Lohnerhöhungen durchzusetzen. Der Metallwirtschaft in der Bundesrepublik ging es gut, streckenweise sogar hervorragend, und die letzten Tarifrunden waren maßvoll gewesen. Seit 2007 sank die Arbeitslosigkeit deutlich. Deshalb bestand in der Gewerkschaftsbasis die Hoffnung, dass beim kommenden Tarifabschluss erhebliche Lohn- und Gehaltserhöhungen möglich sein müssten: das Wort von den 8 bis 8,5 Prozent machte die Runde.

Krisensymptome vor allem innerhalb der amerikanischen Bankwelt und im aufgeblähten Immobiliensektor waren zwar unübersehbar, aber diese schienen weit von der europäischen Realwirtschaft entfernt zu sein. Bereits im Juli brach die weltweit größte Hypothekenbank Fanny Mae in den USA zusammen und musste von der Regierung gerettet werden. 2008 machte diese Bank fast 60 Mrd. Dollar Verluste.

Weitere dunkle Wolken ballten sich am Horizont zusammen. Im Frühjahr wandte sich Nokia von der Handy-Produktion ab. Dies habe – so der Vorstand der IG Metall – unmittelbar mit den Folgen der Finanzmarktorientierung und dem Shareholder-Value-Kapitalismus zu tun. Dieser sei menschenverachtend und untergrabe auf Dauer das Fundament jeder Ökonomie sowie des sozialen Staates. Selbstkritisch wurde vermerkt, dass die Gewerkschaften bisher noch keine schlüssigen Antworten auf die Folgen dieses Shareholder-Value-Kapitalismus gefunden hätten, weil ihre Instrumente beschränkt seien.[135] Auf einer Klausurtagung wurde festgestellt, dass in Deutschland der Wandel vom Rheinischen Kapitalismus zum Finanzkapitalismus seit 1998 maßgeblich von der Politik betrieben worden sei. Auch der Mittelstand fühle sich inzwischen bedroht. Die soziale Marktwirtschaft werde mittlerweile fast nur noch von den

Gewerkschaften verteidigt. Deshalb war es wichtig, eine weitere Diskussion um die IG Metall als Wertegemeinschaft zu führen.[136]

Als die Lehman Bank im September 2008 zusammenbrach, hielt sich die Beunruhigung allerdings zunächst in Grenzen. Auf einer Vorstandssitzung Anfang Oktober stellte Bertin Eichler fest, dass das Vermögen der IG Metall nicht von der Krise betroffen sei. Bereits im Vorfeld seien alle Wertpapiere in sichere Geldanlagen bei deutschen Banken umgeschichtet worden, und diese vorsichtige Anlagepolitik habe sich jetzt genauso wie das Risikomanagement bewährt. Auch die Streikkasse sei ohne Einschränkung gesichert.[137] Wie die folgenden Monate zeigen sollten, war diese Einschätzung korrekt und die Finanzen der IG Metall gerieten nicht in Gefahr. Der Vorstand befasste sich in den folgenden Wochen schwerpunktmäßig weiterhin mit der Tarifpolitik.

Nur langsam wurde deutlich, dass diese generellen Einschätzungen zwar nicht falsch, aber doch nicht ausreichend waren, weil die Finanzkrise schnell auch die Realwirtschaft erreichte. Aber erst im November wurde die Tragweite der Krise in vollem Ausmaß erkannt: Es handelte sich um die gefährlichste Situation seit 1929 und 1931, als ebenfalls eine Finanz- und dann eine Bankenkrise die gesamte Weltwirtschaft mit unabsehbaren politischen, ökonomischen und sozialen Folgen in den Abgrund gerissen hatte. In der IG Metall spielte ferner die Erinnerung an die 1990er-Jahre eine wichtige Rolle, als hunderttausende von Arbeitsplätzen nicht nur im Osten, sondern gerade auch im Westen ersatzlos vernichtet worden waren.[138]

Sowohl in der Politik als auch in der Wirtschaft wurde aber diesmal sehr schnell erkannt, dass die klassischen Instrumentarien nicht ausreichen würden, um den Zusammenbruch der Weltwirtschaft zu verhindern. 1929 hatten fast alle Staaten zunächst im nationalen Rahmen agiert und versucht, die eigene nationale Wirtschaft zu schützen. Dies konnte den Zusammenbruch des internationalen Bankenwesens und des internationalen Zahlungsverkehrs 1931 aber nicht verhindern, sondern hatte die Krise noch verschärft. Im Sommer 1933, als die Beschäftigungslage in vielen europäischen Ländern bereits katastrophale Züge angenommen hatte, war zudem eine große Weltwirtschaftskonferenz in London an nationalen Egoismen gescheitert. Protektionismus, bi- und multilaterale Handelskriege, Schutzzölle und nach außen abgeschottete Währungsblöcke, die von einzelnen Staaten dominiert wurden, waren die Folge. Adolf Hitler und einige andere Diktatoren in Europa wären ohne die ökonomischen Zusammenbrüche der frühen 1930er-Jahre wohl kaum an die Macht gekommen. 2008 war hingegen den meisten der handelnden Akteure vollkommen klar, dass nur ein gemeinsames Handeln möglichst vieler Staaten derartige Folgen verhindern würde. Man kann die ökonomische Globalisierung kritisieren, aber 2008 war die Weltwirtschaft weitgehend globalisiert. Diese Tatsache verlangte ein schnelles Handeln im multinationalen Rahmen. Wahrscheinlich haben diese Aktivitäten 2008/09 eine globale Katastrophe verhindert.

Diese internationalen Aktionen wurden durch gezielte Aktivitäten nationaler Regierungen ergänzt. Jenseits von allem ökonomischen Dogmatismus war den Verantwortlichen in

Deutschland bewusst, dass die private Wirtschaft allein völlig überfordert sein würde, wenn es um die Bewältigung dieser Krise ging. Nur Staaten waren in der Lage, schnelle und effektive Maßnahmen zu ergreifen – eine nahezu idealtypische Situation für keynesianische Methoden der Intervention. Zudem war die deutsche Bundesregierung bereit, Anregungen aller Art auch aus Gewerkschaftskreisen aufzugreifen und schnell umzusetzen.

Die Idee zu einer Abwrackprämie für alte Autos kam aus der IG Metall und war dort – soweit erkennbar – bereits 2001 als Maßnahme gegen einen möglichen Beschäftigungseinbruch diskutiert worden.[139] Nun wurde die Idee der Bundesregierung nahegelegt und von ihr pragmatisch aufgegriffen. Erstens stellte die Prämie ein antizyklisches staatliches Konjunkturprogramm für die Automobilindustrie und ihre vielfältigen Zuliefererbetriebe dar und sicherte Arbeitsplätze nicht nur in der Bundesrepublik. Zweitens kam sie der Umwelt zugute, weil ältere und schadstoffintensive PKWs aus dem Verkehr gezogen wurden. Die Prämie stellte drittens ein Vorbild auch für andere Länder dar. Sie wurde in Spanien, Frankreich, England und Österreich übernommen.[140] Unter dem einprägsamen Motto »cash for clunkers« (»Bargeld für Schrottkisten«) erreichte sie im Sommer 2009 in leicht modifizierter Form auch die USA.

Im Frühjahr 2009 wurde mit weiteren zum Teil sehr kurzfristigen Aktionen auf die Krise reagiert. Eine Blitzumfrage bei den Betriebsräten im Maschinenbau bestätigte die Einschätzungen des Verbandes Deutscher Maschinen- und Anlagenbau (VDMA), dass die Krise zunehmend auch diese sehr wichtige Branche erreicht hatte. Das Auftragspolster erwies sich als viel dünner als erwartet, und nach dem Sommer zeichneten sich zunehmende Produktionseinbrüche ab. Ein Viertel der Betriebsräte sah bereits Stammarbeitsplätze als gefährdet an.[141] Gerade bei kleinen und mittleren Unternehmen zeigten sich die Beratungsstellen der IG Metall überfordert, dauerhafte beschäftigungssichernde Maßnahmen zu fördern. Sie verfügten nicht über die plötzlich notwendigen personellen und finanziellen Ressourcen. Deshalb bildete die IG Metall eine Task Force und hoffte dabei auf die Unterstützung des Bundesministeriums für Arbeit und Soziales. Diese Task Force übernahm eine drei- bis fünftägige Erstberatung und sicherte Betriebsräten in Krisenunternehmen professionelle Unterstützung zu. Zudem sollte dadurch auch verhindert werden, dass Trittbrettfahrer auf der Arbeitgeberseite die Krise für sich nutzten, um Tarifverträge oder Arbeitsschutzmaßnahmen zu umgehen.[142]

Absolutes Primat hatte der Erhalt von Arbeitsplätzen. Deshalb unterstützte die IG Metall alle Bemühungen, zumindest die Stammbelegschaften durch Kurzarbeit zu halten. Da Unklarheit über die zu erwartende Länge der Krise bestand, schien die zeitliche Verlängerung von Kurzarbeit unter dem griffigen Titel »Kurzarbeit plus« sinnvoll zu sein. Die Bundesregierung stockte die Möglichkeit der Kurzarbeit schnell von 12 auf maximal 18 Monate auf. Die IG Metall verlangte zusätzlich, Kurzarbeit auf einen Zeitraum von bis zu 24 Monaten auszudehnen.[143] Auch diese Forderung wurde im Mai 2009 vorübergehend umgesetzt. Diese Form der Kurzarbeit war im Kern ein staatliches Förderprogramm, von dem sowohl Arbeitnehmer als auch Arbeitgeber profitierten, weil die Agenturen für Arbeit einen Teil der Kosten übernahmen. In den Betrieben spielte das Thema der Arbeitszeitverkürzungen keine Rolle mehr, denn »die Kolleginnen und Kollegen wollen nur ihre Arbeit behalten.«[144]

In einer langen nächtlichen Sitzung wurde zudem ein moderater Tarifabschluss erreicht. Angesichts der Krise gab die IG Metall die Forderung nach einer Lohn- und Gehaltserhöhung von 8,5 Prozent auf und begnügte sich mit zweimal 2,1 Prozent. Dies stellte sich im Nachhinein – gemessen an den Problemen – als ein sehr gutes Ergebnis heraus, weil die Inflationsrate in der Krise drastisch fiel. Besorgnisse im Unternehmerlager und in der Öffentlichkeit, dass dieser Abschluss immer noch viel zu hoch gewesen sei, konnten beispielsweise mit dem Hinweis auf die Öffnungsklausel im Pforzheimer Abkommen entkräftet werden. Betriebe, die nachweislich nicht in der Lage waren, derartige Leistungen zu erbringen, konnten zeitlich begrenzte Sonderkonditionen aushandeln. Allerdings spielten Pforzheim-Verträge in den folgenden Monaten nur eine weniger wichtige Rolle. Andere Maßnahmen reichten meistens aus, um zumindest die Stammbelegschaften zu halten.

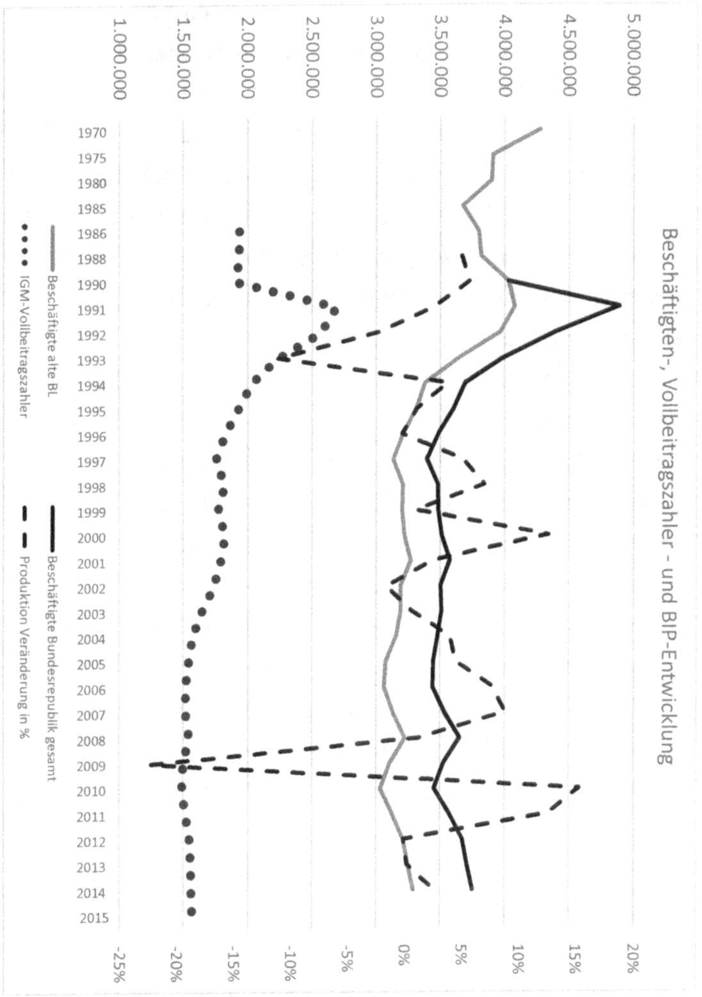
Beschäftigten-, Vollbeitragszahler - und BIP-Entwicklung
5.000.000
4.500.000
4.000.000
3.500.000
3.000.000
2.500.000
2.000.000
1.500.000
1.000.000
1970
1975
1980
1985
1986
1988
1990
1991
1992
1993
1994
1995
1996
1997
1998
1999
2000
2001
2002
2003
2004
2005
2006
2007
2008
2009
2010
2011
2012
2013
2014
2015
20%
15%
10%
5%
0%
-5%
-10%
-15%
-20%
-25%
Beschäftigte alte BL
IGM-Vollbeitragszahler
Beschäftigte Bundesrepublik gesamt
Produktion Veränderung in %

145

Diese Grafik zeigt, dass – anders als in den 1990er-Jahren – der Mitgliederverlust trotz der harten Wirtschaftskrise relativ gering blieb. Hierfür dürften mehrere Gründe verantwortlich gewesen sein. Erstens war unübersehbar, dass die IG Metall aktiv und vor allem mit konstruktiven Vorschlägen gegen die Folgen der Krise kämpfte und mitverantwortlich dafür war, dass sich Entlassungen häufig in engen Grenzen hielten. Zweitens hob Huber hervor, dass in Deutschland der massive Einbruch am Arbeitsmarkt ausgeblieben sei, vergleiche man dies mit anderen Volkswirtschaften. »Es wird allgemein anerkannt, dass wir gute Krisenmanager sind.« Gewerkschaften, Tarifverträge und das Betriebsverfassungsgesetz erwiesen sich als stabilisierende Faktoren.[146] Drittens griffen die innergewerkschaftlichen Reformen, die in den Jahren zuvor angegangen worden waren. Da vor der Krise mehr Verantwortung als zuvor an die Belegschaften delegiert worden war, identifizierten sich viele Mitglieder mit »ihrer« IG Metall. Ein massiver Einbruch der Mitgliederzahlen, wie in der Krise der 1990er-Jahren, blieb diesmal aus. Schon nach wenigen Jahren entwickelten sich außerdem die Mitgliederzahlen erneut positiv.

Ein weiterer Bereich, der zwar nicht zu den Kernthemen der IG Metall gehörte, der aber dennoch fast sofort thematisiert wurde, stellte die Frage dar, wie künftig ähnliche Krisen vermieden oder welche Warnsignale bereits im Vorfeld erkannt werden mussten. Nur zu deutlich hatte sich gezeigt, dass der radikale Neoliberalismus die gesamte Welt an den Rand einer ökonomischen Katastrophe geführt hatte. Enttäuscht zeigte sich die IG Metall deshalb in einer Stellungnahme zur Abschlusserklärung des G-20-Weltfinanzgipfels im November 2008. Es handele sich nur um eine Demonstration guten Willens. Einige weiterhin gefährliche Fonds wurden nicht kontrolliert, auch fehlte noch völlig die Besteuerung von Finanzmarktgeschäften. Eine weitere Schwäche bestand darin, dass die Regulierung eine nationale Angelegenheit bleiben sollte.[147] Häufig wurde über diese Fragen mit Fachjournalisten diskutiert. Eine politische Steuerung der Finanzmärkte wurde als zwingend erforderlich angesehen, aber es bestanden erhebliche Zweifel, ob diese sich international realisieren ließe.[148] Die IG Metall stellte Mittel für eine Fachtagung zur Finanzmarktregulierung bereit, die auch über Wege aus der Finanzkrise heraus beriet.[149] Ähnlich organisierte der DGB am 14. und 15. Mai einen Kongress in Berlin zum Thema Kapitalismus. Hier wurde eine Verständigungsplattform hergestellt, die bewusst ergebnisoffen Ideen zur Überwindung der Krise sammelte.[150] Eine aufwendige und detaillierte Studie, die vom Institut für Makroökonomie und Konjunkturforschung erstellt wurde, kam unter anderem zu dem Schluss, dass deregulierte Märkte inhärent instabil seien und dass die Krise nur durch wirtschaftspolitische Intervention überwunden werden könne.[151]

Angesichts der deutlich verbesserten ökonomischen Situation zog Huber im September 2010 ein Zwischenfazit zur Finanzkrise. Zwar sei der Stand von vor dem Herbst 2008 noch nicht wieder erreicht, aber die Entwicklung verlaufe eindeutig positiv. »Immerhin hat sich eins gezeigt: Die weltweiten Konjunkturprogramme haben die Krise stoppen können. Nicht die Selbstheilungskräfte des Marktes, sondern gezielte politische Steuerung hat den größten Konjunktureinbruch seit 80 Jahren überwinden können. Blindes Marktvertrauen hat uns in die Krise geführt. Das darf sich nicht wiederholen. Wirtschaft braucht politische Rahmensetzung.«[152]

Neue Wege in der Organisationspolitik

Der Kampf gegen die Krise fand statt vor einem tiefgreifenden organisatorischen Umbau der IG Metall. Dank des Pforzheimer Abkommens und anderer Initiativen war die Mitgliederentwicklung bereits Anfang 2008 leicht positiv gewesen.[153] Die Lehman Krise hatte wiederum zu einem kleinen Einbruch geführt. Intensiv wurde zunächst versucht, arbeitslose Mitglieder in der Gewerkschaft zu halten und besondere Angebote für sie auszubauen.[154] Unter dem Motto »Besser statt billiger« wurde zunächst in Nordrhein-Westfalen ein neuer Weg beschritten. Vor allem auf Initiative von Detlef Wetzel wurden Belegschaften ermutigt, eigene Ideen und Konzepte für neue Produkte und optimierte Fertigungsmethoden einzubringen, um damit zugleich die Abwanderung von Arbeitsplätzen in Billiglohnländer zu stoppen. Dahinter stand die Einsicht, dass es im Zeitalter der Globalisierung immer ein Land geben würde, das ein einfaches Produkt billiger als Deutschland herstellen konnte. Deshalb konnte und kann die Bundesrepublik Dumpingwettläufe nicht gewinnen. Viel besser waren und sind die Chancen aber bei der Qualitätsverbesserung. Unternehmen, die Probleme meldeten, konnten auf die Unterstützung der IG Metall zurückgreifen, wenn sie die Qualität ihrer Produkte verbesserten, anstatt auf billigere Produktion zu setzen. Allerdings war ein relativ hoher Organisationsgrad in der Belegschaft eine Voraussetzung für die Hilfe der Gewerkschaft. Da nicht nur Arbeitnehmerinnen und Arbeitnehmer jetzt durch eine Mitgliedschaft in der IG Metall konkrete Vorteile hatten, sondern auch Betriebe direkt profitierten, entstand wiederum ein Modell, das für alle Seiten nützlich war. Für die weitere Mitgliederentwicklung der IG Metall wirkte sich auch diese Initiative positiv aus.[155]

Zu dieser günstigen Entwicklung dürfte auch eine weitere grundlegende Reform der Organisation beigetragen haben, die mehrere Jahre dauerte. Auf dem Gewerkschaftstag in Leipzig 2007 wurde der Auftrag hierzu erteilt, und im Februar 2009 startete der Vorstand das Vorhaben. Unter dem Titel »Projekt 2009«, ebenfalls maßgeblich initiiert vom damaligen zweiten Vorsitzenden Detlef Wetzel, fanden ein Umbau und eine Neuordnung zwischen Vorstand, Bezirken und Verwaltungsstellen statt. Das Ziel bestand auch hier darin, die Gewerkschaft für neue Mitgliedergruppen attraktiver als zuvor zu machen. In mehreren Arbeitspaketen wurden zahlreiche Studien und Analysen zu den Arbeitsabläufen und den Strukturen in der IG Metall erarbeitet. Im Oktober und November 2009 wurde darauf aufbauend ein organisationsweiter Dialogprozess mit Workshops und Veranstaltungen auf allen Gliederungsebenen der Gewerkschaft durchgeführt. Im Zentrum standen – neben einigen kleineren Aspekten – drei zentrale Themenfelder. Erstens die Neugestaltung der Funktionen und Aufgabenverteilung der Ebenen in der IG Metall, zweitens der Transfer von Ressourcen und drittens die Reorganisation der Vorstandsverwaltung.[156] Die IG Metall sah sich durch die Wirtschaftskrise und durch ihre Mitgliederstruktur vor umfassenden Herausforderungen und ging davon aus, dass ein »Weiter so!« nicht mehr möglich sei.[157]

Das erklärte Ziel dieser Organisationsreform bestand darin, die IG Metall konsequent noch viel stärker als zuvor »von unten nach oben«, d. h. ausgehend von den Mitgliedern und Funktionären, aufzubauen. Hierbei wurde die eigene Arbeit sehr kritisch hinterfragt. Dahinter stand ein Modell, in dem möglichst klare Abgrenzungen getroffen werden sollten: Der Vorstand war weiterhin für die Strategiebildung zuständig, den Bezirksleitungen kam eine Scharnierfunktion zu und die Verwaltungsstellen wurden aufgewertet zu einer autonomen Umsetzungsebene. Sie erhielten mehr Ressourcen, auch um die Möglichkeit zu haben, neue Mitglieder zu gewinnen.[158] Als zentrale Ansprechpartner vor Ort wurden die Verwaltungsstellen damit gestärkt.

Organisatorisch wurde zudem deutlich mehr Verantwortung in die Fläche delegiert, und zentralistische Strukturen wurden vorsichtig abgebaut. Auch das gesamte Training für die Führungskräfte der IG Metall wurde überdacht. Ferner wurden ergänzende Betreuungsangebote für Mitglieder und Branchen aufgebaut, die für einzelne Verwaltungsstellen nur schwierig zu erreichen waren. Das Ziel dieser gesamten – im

Detail komplizierten – Reform bestand darin, für Mitglieder attraktiver als zuvor zu werden und auf diese Weise auch die Gestaltungs- und Durchsetzungsmacht der IG Metall für Tarifverträge und betriebspolitische Auseinandersetzungen zu stärken.[159] Diese neue Organisationsreform kann im Rückblick als Erfolg bewertet werden, da sich die Mitgliederbindungen deutlich stabilisierten und kontinuierlich neue Mitglieder hinzugewonnen wurden.

Fazit

Im Vergleich mit anderen europäischen Ländern waren und sind große Streiks in der Bundesrepublik Deutschland die Ausnahme. Dieses Faktum, das häufig beobachtet worden ist, hat sowohl positive ökonomische und soziale als auch gesamtgesellschaftliche Folgen, die dazu beigetragen haben, die internationale Wettbewerbsfähigkeit deutscher Unternehmen erheblich zu stärken. Die Zahl der durch Streiks verlorenen Arbeitstage ist – wiederum im internationalen Vergleich – sehr gering. Dies kommt sicherlich den meisten Unternehmen zugute. Zugleich wissen die Arbeitgeber in der Metallbranche aber auch, dass sie es bei der IG Metall mit einer sowohl streikfähigen als auch notfalls streikbereiten Organisation zu tun haben, die im Konfliktfall bereit und in der Lage ist, die elementaren Interessen ihrer Mitglieder durchzusetzen. Tarifabschlüsse in der bundesdeutschen Metallindustrie waren im hier untersuchten Zeitraum stets moderat – kaum ein Unternehmen dürfte jemals durch zu hohe Lohn- und Gehaltszahlungen in wirkliche Schwierigkeiten geraten sein. Daran kann eine Gewerkschaft, die ihre Mitglieder ernst nimmt, auch überhaupt kein Interesse haben – der Erhalt von Arbeitsplätzen und der Abbau von Arbeitslosigkeit sind nicht verhandelbare Ziele der Gewerkschaftsbewegung.

Die 25 Jahre, die seit der Wiedervereinigung vergangen sind, zeigen weitere Entwicklungen, deren langfristige Folgen heute noch nicht absehbar sind. Die Zeit des rheinischen Kapitalismus, der in der »alten« Bundesrepublik auf einer weitgehenden patriarchalischen Konsensbildung zwischen Kapital und Arbeit beruhte, ist unwiderruflich vorbei. Bereits der Streik von 2003 hatte eindeutig gezeigt, dass dieser rheinische Kapitalismus nicht auf den Osten übertragen werden konnte.[160] Aber dies bedeutet nicht, dass Konsens- und Kompromissfähigkeit im marktwirtschaftlichen Wirtschaftssystem grundsätzlich diskreditiert sind. Beide Begriffe wurden und werden ständig neu definiert. Damit sie aber definiert werden können, müssen Arbeitnehmer über durchsetzungsfähige Interessenverbände verfügen.

Man kann den Zeiten des rheinischen Kapitalismus nostalgisch nachtrauern, aber die Erfahrungen seit 1990/91 zeigen, dass ständig nach neuen Wegen gesucht werden musste, um den Sozialstaat als Fundament der Demokratie zu sichern und auszubauen. Eine sinnvolle Möglichkeit bei der Suche nach neuen Wegen besteht darin, sich auch bei den Nachbarn umzusehen und festzustellen, wie andere europäische Partnerländer mit sehr ähnlichen Herausforderungen umgehen.[161] Aus der Sicht der Gewerkschaften war Demokratie stets viel mehr als ein reines parlamentarisches und politisches Prozedere. Demokratie hatte und hat auch eine sehr starke soziale und kulturelle Dimension. Die letzten 25 Jahre haben gezeigt, dass trotz Fehlern und Fehleinschätzungen, die unzweifelhaft vorhanden waren, die IG Metall eine diskussionsfreudige und streitlustige Demokratiekultur gepflegt hat, in der abweichende Meinungen, sofern sie mit demokratischen Prinzipien vereinbar waren, nicht nur toleriert, sondern ausdrücklich erwünscht waren. Anders wären dynamische Reaktionen auf die permanenten neuartigen ökonomischen oder technologischen Entwicklungen und auf die Herausforderung der Globalisierung auch kaum möglich gewesen.

Danksagung

Dieses Buch basiert auf umfangreichen Recherchearbeiten. Großer Dank gebührt deshalb Frau Christine Bobzien, Ansprechpartnerin für den Bereich Gewerkschaftsakten im Archiv der sozialen Demokratie (AdsD) der Friedrich-Ebert-Stiftung.

Weiterer Dank gebührt den Kolleginnen Carolin Burfeind und Dr. Maria Wiggen aus dem Ressort Zentralbibliothek/ Archiv und Dokumentation beim IG Metall Vorstand.

Anmerkungen

1 Hans Christian Adam/Kurt Thomas Schmitz, 100 Jahre Metall im Bild, Köln 1991; Vorstand der Industriegewerkschaft Metall (Hg.), 100 Jahre Industriegewerkschaft 1891 bis 1991. Vom Deutschen Metallarbeiter-Verband zur Industriegewerkschaft Metall. Ein Bericht in Wort und Bild, Köln 1991.

2 Vgl. Vorstandsprotokolle, 9. Juli 1996; Gewerkschaftstag: 10. Oktober 1997.

3 Vgl. Berthold Huber, in: Vorstandsprotokolle, 7. September 2009.

4 Gespräche mit Klaus Zwickel am 22. Februar 2016; Jürgen Peters am 2. März 2016; Gespräch mit Berthold Huber am 23. Februar 2016.

5 Gespräch mit Berthold Huber am 23. Februar 2016.

6 Vgl. Geschäftsführende Vorstandsmitglieder, 22. Juni 1992; Beschluss, 12.000 DM zur Verfügung zu stellen, um gemeinsam mit dem DGB und anderen Gewerkschaften auf dem evangelischen Kirchentag gewerkschaftliche Positionen darzustellen; vgl. ferner: Geschäftsführende Vorstandsmitglieder, 15. Mai 1994; Podiumsdiskussion auf dem

95. Deutschen Katholikentag in Ulm am 18. Juni, Thema: »Gewerkschaften quo vadis?«, in: Geschäftsführende Vorstandsmitglieder, Frankfurt 28. Juni 2004.

7 Vgl. Archiv der Friedrich Ebert Stiftung, Bonn, Bestand IG Metall (im Folgenden: FES), Geschäftsführende Vorstandsmitglieder, 21. September 1992.

8 Vgl. Geschäftsführende Vorstandsmitglieder, 2. Mai 1994.

9 Vgl. Erklärung des Vorstandes zu Attacken der Arbeitgeber auf soziale und tarifpolitische Leistungen vom 10. Januar 1995, »Kampf den sozialen Brandstiftern«, in: Geschäftsführende Vorstandsmitglieder, 9. Januar 1995.

10 Vgl. Geschäftsführende Vorstandsmitglieder vom 26. August 1991: Ankauf von 1000 Exemplaren (für 5000 DM) des Buches von Peukert/Bajohr, Rechtsradikalismus. Am 4. November 1991 beschlossen die Geschäftsführenden Vorstandsmitglieder, die Kampagne »Ausländerhass – Nicht mit uns« mit 20.000 DM zu unterstützen. Der Hessische Rundfunk wollte auf die Arbeit der Ausländerbeauftragten der BRD aufmerksam machen, deren Behörde finanziell schlecht ausgestattet war.

11 Auf den letzteren Aspekt hat vor allem Jörg Hofmann, Gespräch am 11. März 2016, hingewiesen.

12 Vorstandsprotokolle, 7. Dezember 1992, Anlage: Erklärung von Vorstand und Beirat gegen Rechtsextremismus.

13 Vgl. Geschäftsführende Vorstandsmitglieder, Sitzung vom 25. Januar 1993.

14 Vgl. z. B. Beschluss vom 11. Januar 1993, Ausschluss eines Gewerkschaftlers, der Mitglied der Republikaner war und behauptet hatte, diese seien nicht ausländerfeindlich; ähnlich:

ebenda, 11. April 1994; 19. Dezember 1994; weitere Beispiele: Geschäftsführende Vorstandsmitglieder, Sitzungen vom 6. Juli 2009, 21. September 2009 und 29. September 2009.

15 Vgl. Geschäftsführende Vorstandsmitglieder, 25. November 1991 und 2. Dezember 1991; zur Ausweitung der Kampagnen vgl. Geschäftsführende Vorstandsmitglieder, 17. Februar 1992 und 9. März 1992.

16 Vgl. FES, Vorstandsprotokolle, 20. Februar 1990.

17 Vgl. FES, Vorstandsprotokolle, Oktober 1991.

18 Vgl. die Homepage: respekt.tv

19 Vgl. Zukunftsreferat »Sicher – gerecht – selbstbestimmt!«, gehalten auf dem 23. Ordentlichen Gewerkschaftstag der IG Metall am 21. Oktober 2015.

20 Vgl. Vorstandsprotokolle, 11. April 1989.

21 Die ungarische Delegation erhielt 15.500 DM, das Projekt Jugendbewegung, das von der Bezirksleitung Hannover ausging, erhielt 9.000 und 13.000 DM, vgl. Geschäftsführende Vorstandsmitglieder, 12. Juni und 26. Juni.

22 Vgl. Vorstandsprotokolle, 11. September 1989.

23 Vgl. Vorstandsprotokolle, 14. November 1989.

24 Vgl. Vorstandsprotokolle, 28./29. September 1989.

25 Die Rede zitiert nach FES, 5/IGMA45350048.

26 Positionspapier DDR, in: Geschäftsführende Vorstandsmitglieder, 19. Februar 1990.

27 Vgl. Vorstandsprotokolle, 10. April 1990.

28 Vgl. Bericht über die Sitzung des DGB Bundesvorstandes vom 5. Dezember 1989, in: FES, Vorstandsprotokolle, 11. Dezember 1989.

29 Vgl. Geschäftsführende Vorstandsmitglieder, 11. Dezember 1989; FES Vorstandsprotokolle, 9. Januar 1990.

30 Vgl. FES, Vorstandsprotokolle, 10. April 1990; Bericht über Zentraldelegiertenkonferenz der IGM DDR vom 8./9. April.

31 Vgl. FES, Vorstandsprotokolle, 20. Februar 1990.

32 Zitiert nach: Bulletin des Presse- und Informationsamts der Bundesregierung Nr. 86, 3. Juli 1990.

33 Vgl. etwa das Material in: FES, 5/IGMA091346 bis 5/IGMA091348.

34 Vgl. Geschäftsführende Vorstandsmitglieder, Sitzung vom 19. Februar 1990.

35 Vgl. Geschäftsführende Vorstandsmitglieder, Sitzung vom 11. Juni 1990.

36 Vgl. Geschäftsführende Vorstandsmitglieder, 28. September 2009, Erklärung der IG Metall anlässlich des 20. Jahrestages der politischen Wende in Ostdeutschland.

37 Vgl. das Material in FES, 5IGMZ150406.

38 Vgl. Jürgen Peters (Hg.), In freier Verhandlung. Dokumente zur Tarifpolitik in der Metallindustrie 1945 bis 2002, Göttingen 2009 (2), S. 646 und 649.

39 Vgl. FES, 5IGMZ150397, Vorstandsprotokolle, 10. Juli 1990, Top DDR.

40 Vgl. FES, 5IGMZ150397, Vorstandsprotokolle, 10. Juli 1990, Top DDR.

41 Vgl. FES, 5IGMZ150235, Personalfragebogen.

42 Vgl. FES, 5IGMZ150397, Vorstandsprotokolle, 10. Juli 1990, Top DDR.

43 Vgl. 11. Oktober 1990, Vorstand an Arbeitskreis Kurzarbeiter in Staßfurt, in: FES, 5/IGMA091346.

44 Vgl. FES, 5IGMZ 150234, 16. Juli 1990, Brief Vorstandsverwaltung IG Metall Dresden an Bezirksleiter IG Metall Dresden (Bernd Drobisch).

45 Vgl. FES, 5IGMZ 150234, 16. Juli 1990, Brief Vorstandsverwaltung IG Metall Dresden an Bezirksleiter IG Metall Dresden (Bernd Drobisch).

46 Vgl. das Material in: FES, 5IGMZ150395, bes. Protokoll der Sitzung der Lenkungsgruppe, Vorlage für die Sitzung der Geschäftsführenden Vorstandsmitglieder vom 16. Juli 1990.

47 Vgl. FES, 5IGMZ150396.

48 Vgl. Vorstandsprotokolle, 7. Juli 1997.

49 Vgl. das Material in FES, 5IGMZ150383.

50 Vgl. FES, 5IGMZ150235; 20. September 1990, Vorlage für Sitzung Geschäftsführende Vorstandsmitglieder.

51 Positionspapier der Abteilung Wirtschaft zu Krisenbewältigung und Zukunftssicherung in den neuen Bundesländern, in: FES, Geschäftsführende Vorstandsmitglieder, 4. März 1991.

52 Vgl. FES, 5IGMZ150406, Memorandum Abteilung Wirtschaft vom Dezember 1990.

53 17. Januar 1991, Presseinformation der IG Metall, in: FES, 5IGMZ150393.

54 FES, Geschäftsführende Vorstandsmitglieder, Sitzung vom 15. Juli 1991.

55 FES, Geschäftsführende Vorstandsmitglieder, Sitzung vom 15. Juli 1991.

56 Vgl. FES, Geschäftsführende Vorstandsmitglieder, 7. Dezember 1992.

57 Vgl. Geschäftsführende Vorstandsmitglieder, gemeinsames Positionspapier Gesamtmetall/IG Metall, Januar 1993.

58 Vgl. hierzu: Vorstand der Industriegewerkschaft Metall (Hg.), Geschäftsbericht 1989 bis 1991, Frankfurt/M. S. 249 ff.

59 Vgl. Geschäftsführende Vorstandsmitglieder, 7. Juni 1993 und 20. Juni 1993.

60 Vgl. zum Folgenden: FES, Geschäftsführende Vorstandsmitglieder, 10. Februar, Anlage 3: Vorlage zur Vorbereitung Tarifbewegung in der Metallindustrie 1992.

61 Vgl. Geschäftsführende Vorstandsmitglieder, 10. Februar 1992, Anlage 2.

62 Vgl. Geschäftsführende Vorstandsmitglieder, 10. Februar 1992, Anlage 2.

63 Vgl. Vorstandsprotokolle, 12. Januar 1993.

64 Vgl. Peters, In freier Verhandlung, S. 754 ff.

65 Vgl. Steinkühler auf der Außerordentlichen Sitzung des Vorstandes am 25. Mai 1993.

66 Vgl. Klausurtagung des Vorstandes vom 6. bis zum 7. April 1993 in Ludwigsburg.

67 Vgl. Vorstandsprotokolle, Anlage zu 6. April 1993.

68 Vgl. Vorstandsprotokolle, 19. April und 29. April; Geschäftsführende Vorstandsmitglieder vom 10. Mai. Ferner: Erklärung des Vorstandes der IG Metall vom 29. April 1993.

69 Vorstandsprotokolle, 13. Mai 1993.

70 Vgl. Vorstandsprotokolle, 25. Mai 1993.

71 Mündliche Unterredung mit Klaus Zwickel am 22. Februar 2016.

72 Vgl. Vorstandsprotokolle, 12. Oktober 1993.

73 Vgl. Vorstandsprotokolle, 26. November 1993.

74 Vgl. Vorstandsprotokolle, 12. Oktober 1993.

75 Vgl. Peters, In freier Verhandlung, S. 763 f.

76 Vgl. Vorstandsprotokolle, 4./5. März 1994 und 14. März 1994.

77 Vgl. Geschäftsführende Vorstandsmitglieder, 14. Mai 1990, Rüstungskonversion Bezirk Hamburg; 24. September 1990, Arbeitsprogramm Rüstungskonversion; ferner Sitzung vom 21. Januar 1991; FES, Geschäftsführende Vorstandsmitglieder, Sitzung vom 24. Juni 1991.

78 Vgl. Geschäftsführende Vorstandsmitglieder, 29. August 1994.

79 Vgl. 13. September 1994, Grundsatzabteilung, in: FES 5IGMZ150063.

80 Quelle: Statistisches Bundesamt.

81 Quelle: Bundesagentur für Arbeit.

82 Vgl. Vorstandsprotokolle, 13. Dezember 1993, Positionspapier »Für eine Politik aktiver Bekämpfung der Massenarbeitslosigkeit«; Vorstandsprotokolle, 13. Februar 1996 und 23. April 1996.

83 Vgl. Vorstandsprotokolle, 8. Februar 1994; Vorstandsprotokolle, 11. Mai 1999.

84 Vorstandsprotokolle, 10. Januar 1995, Erklärung des Vorstandes.

85 Vgl. September 1993, Text der Grundsatzabteilung zu wirtschaftspolitischen Reformen, in: FES, 5IGMZ150062.

86 Vgl. Geschäftsführende Vorstandsmitglieder, 5. September 1995.

87 Vgl. Peters, In freier Verhandlung, S. 768 ff; Vorstandsprotokolle, 16. Februar 1995 und 13. März 1995.

88 Anlage zu Vorstandsprotokollen, Abt. Wirtschaft, Sozialökonomische Rahmenbedingungen für die Tarifbewegung 1996/97 in der westdeutschen Metallverarbeitung, Stand: September 1996.

89 Vgl. Vorstandssprotokolle, 10. November 1993 und 11. Februar 1994.

90 Vgl. Vorstandsprotokolle, 7. Juni 1994; Geschäftsführende Vorstandsmitglieder, 19. September 1994.

91 Vgl. Vorstandprotokolle, Anlage vom Juni 1996, genannt wurden als Gründe: Branchenwechsel, Einsparung, Arbeitslosigkeit, keine konkreten Vorteile, zu geringes Engagement der IG Metall, generelle Unzufriedenheit und Ruhestand.

92 Vgl. Vorlage für die Vorstandssitzung am 12. November 1996.

93 Vgl. Anlage zur Vorstandssitzung, Wolfgang Mazurek, Abt. Beitrags- und Leistungswesen, 1. Juli 1997.

94 Vgl. Vorstandsprotokolle, 8. September 1998.

95 Vgl. Vorstandsprotokolle, Stellungnahme der IG Metall zu den Koalitionsvereinbarungen, 9./10. Oktober 1998.

96 Vgl. Vorstandsprotokolle, 8. April/10. April, Positionspapier zur Bundestagswahl 2002.

97 Vgl. Vorstandsprotokolle, 8. Oktober 2002.

98 Vgl. Positionspapier »Politische Aufgaben von Rot-Grün«, Vorlage für die Sitzung des Vorstandes am 8. Oktober 2002.

99 Vgl. Niederschrift der Sitzung des Vorstandes vom 10./11. Februar 2003, Gespräch mit Bundeskanzler Gerhard Schröder.

100 Vgl. Interview mit Riester, »Die Realität frißt sich durch«, in: DIE ZEIT 16 vom 11. April 1997.

101 Vgl. Vorstandsprotokolle, 8. September 1998, Vorlage: Deutschland liegt schief. Die Verteilung gerade rücken.

102 Vgl. Vorstandsprotokolle, 10. Juli 2001; Abschlussbericht der Initiative *fair*teilen, Vorlage für die Sitzung des Vorstandes am 17. Juni 2002 und Sitzung am 9. Juli.

103 Vgl. Vorstandsprotokolle vom 9. Juli 2002, Punkt 4: Bewertung und Schlussfolgerung Zukunftskongress.

104 Vgl. Geschäftsführende Vorstandsmitglieder, Bericht des Funktionsbereichs Tarifpolitik über die Tarifbewegung 2003 zur Information des Vorstandes der IG Metall, undatiert, die Zitate auf S. 4 und 7; Anlage zum Bericht Zwickel.

105 Vgl. Geschäftsführende Vorstandsmitglieder, 7. Juli 2003, Anlage 1, Tarifbewegung Angleichung Arbeitszeit Ost 2003.

106 Gespräch mit Berthold Huber am 23. Februar 2016; Gespräch mit Jörg Hofmann am 11. März 2016.

107 Vgl. zum letzten Punkt: Geschäftsführende Vorstandsmitglieder, 12. Mai 2003, Anlage 6.

108 Vgl. Geschäftsführende Vorstandsmitglieder, 16. Juni 2003, Anlage 4.

109 Vgl. Geschäftsführende Vorstandsmitglieder, 27. Mai 2003, Anlage 1, Tarifbewegung 2003.

110 Vgl. Geschäftsführende Vorstandsmitglieder, Bericht des Funktionsbereichs Tarifpolitik über die Tarifbewegung 2003 zur Information des Vorstandes der IG Metall, undatiert (Sommer 2003), Anlage zum Bericht Zwickel.

111 Beispiele in: Geschäftsführende Vorstandsmitglieder, 7. Juli 2003, Anlage 1, Tarifbewegung Angleichung Arbeitszeit Ost 2003.

112 Vgl. Gespräch mit Jürgen Peters am 2. März 2016.

113 Vgl. außerordentliche Sitzung des Vorstandes, 29, Juni 2003; Geschäftsführende Vorstandsmitglieder, 7. Juli 2003, Anlage 1, Tarifbewegung Angleichung Arbeitszeit Ost 2003.

114 Vgl. Geschäftsführende Vorstandsmitglieder, Bericht des Funktionsbereichs Tarifpolitik über die Tarifbewegung 2003 zur Information des Vorstandes der IG Metall, undatiert (wie Fn. 107), die Zitate auf S. 1 und 24; Anlage zum Bericht Zwickel.

115 Vgl. metall Nr. 9, Jahrgang 55, September 2003, S. 9.

116 Die folgenden Ausführungen zu ERA basieren besonders auf: Reinhard Bahnmüller/Werner Schmidt, Riskante Modernisierung des Tarifsystems. Die Reform der Entgeltrahmenabkommen am Beispiel der Metall- und Elektroindustrie Baden-Württembergs, Berlin 2009.

117 Vgl. Gespräch mit Jörg Hofmann am 11. März 2016.

118 Vgl. Jahresbericht Tarifpolitik, in: Geschäftsführende Vorstandsmitglieder, 4. April 2005; zum Vergleich: 1998 hatte es 113 abweichende Tarifregelungen gegeben, 2003 waren es 254.

119 Gespräch mit Jürgen Peters am 2. März 2016.

120 Vgl. Vorstandsprotokolle, 9./10. Oktober 2006, Anlage 8.

121 Vgl. Homepage IG Metall, »10 Jahre Pforzheimer Abkommen«, Artikel vom 26.2. 2014. <www.igmetall.de/10-jahre-pforzheimer-abkommen-13036.htm> Zugriff am 2. September 2016.

122 Vgl. Geschäftsführende Vorstandsmitglieder, 7. November 2004; Gespräch mit Jörg Hofmann am 11. März 2016.

123 Vgl. Geschäftsführende Vorstandsmitglieder, 30. August 2004.

124 Vgl. Vorstandsprotokolle, 8. bis 10. April; Gespräch mit Jürgen Peters am 2. März 2016.

125 Vgl. Vorstandsprotokolle, 13. Mai 2003.

126 Vgl. Geschäftsführende Vorstandsmitglieder, 30. August 2004.

127 Vgl. Geschäftsführende Vorstandsmitglieder, 17. Januar 2005.

128 Vgl. Geschäftsführende Vorstandsmitglieder, 7. Februar 2005.

129 Vgl. Vorstandsklausur vom 11. bis 12. April 2005.

130 Vgl. Geschäftsführende Vorstandsmitglieder, 6. Juni 2005.

131 Vgl. Vorstandsprotokolle, 5. September 2005.

132 Vgl. Vorstandsprotokolle, 25. Oktober 2005 und 14./15. November 2005.

133 Vgl. Harold James, The End of Globalization. Lessons from the great depression, Cambridge, Mass. 2001.

134 Vgl. Vorstandsprotokolle, 12. Februar 2008.

135 Vgl. Vorstandsprotokolle, 12. Februar 2008.

136 Vgl. Vorstandsprotokolle, 7./8. April 2008.

137 Vgl. Vorstandsprotokolle, 13./14. Oktober 2008.

138 Vgl. Gespräch mit Jörg Hofmann am 11. März 2016.

139 Vgl. Vorstandsprotokolle, 8./9. Oktober 2001, unter Punkt 3 taucht der Begriff einer »Verschrottungsprämie« auf.

140 Vgl. Vorstandsprotokolle, 5. Juli 2010.

141 Vgl. Geschäftsführende Vorstandsmitglieder, 23. Februar 2009.

142 Vgl. Geschäftsführende Vorstandsmitglieder, 2. März 2009.

143 Vgl. Geschäftsführende Vorstandsmitglieder, 4. Mai 2009.

144 Vgl. Vorstandsprotokolle, 16. März 2009.

145 Quelle: Vorstand IG Metall.

146 Vgl. Rede Hubers auf der Vorstandsklausur am 12. April 2010.

147 Vgl. Geschäftsführende Vorstandsmitglieder, 24. November 2008.

148 Vgl. Vorstandsprotokolle, 19. Januar 2009, Tagesordnungspunkt 3.

149 Vgl. Geschäftsführende Vorstandsmitglieder, 23. Februar 2009.

150 Vgl. Geschäftsführende Vorstandsmitglieder, 2. März 2009.

151 Vgl. Anlage zur IG Metall-Vorstandsklausur, 11. Mai 2009.

152 Vorstandsrede von Berthold Huber am 13. September 2010.

153 Vgl. Vorstandsprotokolle, 3. März 2008, ebenso 9. Juni.

154 Vgl. Geschäftsführende Vorstandsmitglieder, 10. November 2008.

155 Vgl. Detlef Wetzel, Mehr Gerechtigkeit wagen! Der Weg eines Gewerkschafters, Hamburg 2012, bes. S. 143–146; ferner: Berthold Huber, Einleitung zu Projekt 2009, Vorstandsklausur 11./12. Oktober 2010.

156 Vgl. Vorlage für die Sitzung des Vorstandes am 8. März 2010.

157 Vgl. Klausur des Vorstandes am 11./12. Mai 2009, Projekt 2009.

158 Vgl. Klausur des Vorstandes am 12./13. Oktober 2009, Projekt »2009«.

159 Vgl. Vorlage für die Sitzung des Vorstandes am 8. März 2010.

160 Gespräch mit Berthold Huber am 23. Februar 2016.

161 Vgl. etwa Guillaume Duval, Modell Deutschland? Nein Danke! Französische Anregungen für die Zukunft Europas und seiner Industrie. Herausgegeben und mit einem Vorwort von Detlef Wetzel und Jörg Hofmann, Hamburg 2013.